경극

쉬청베이 지음
최지선 옮김

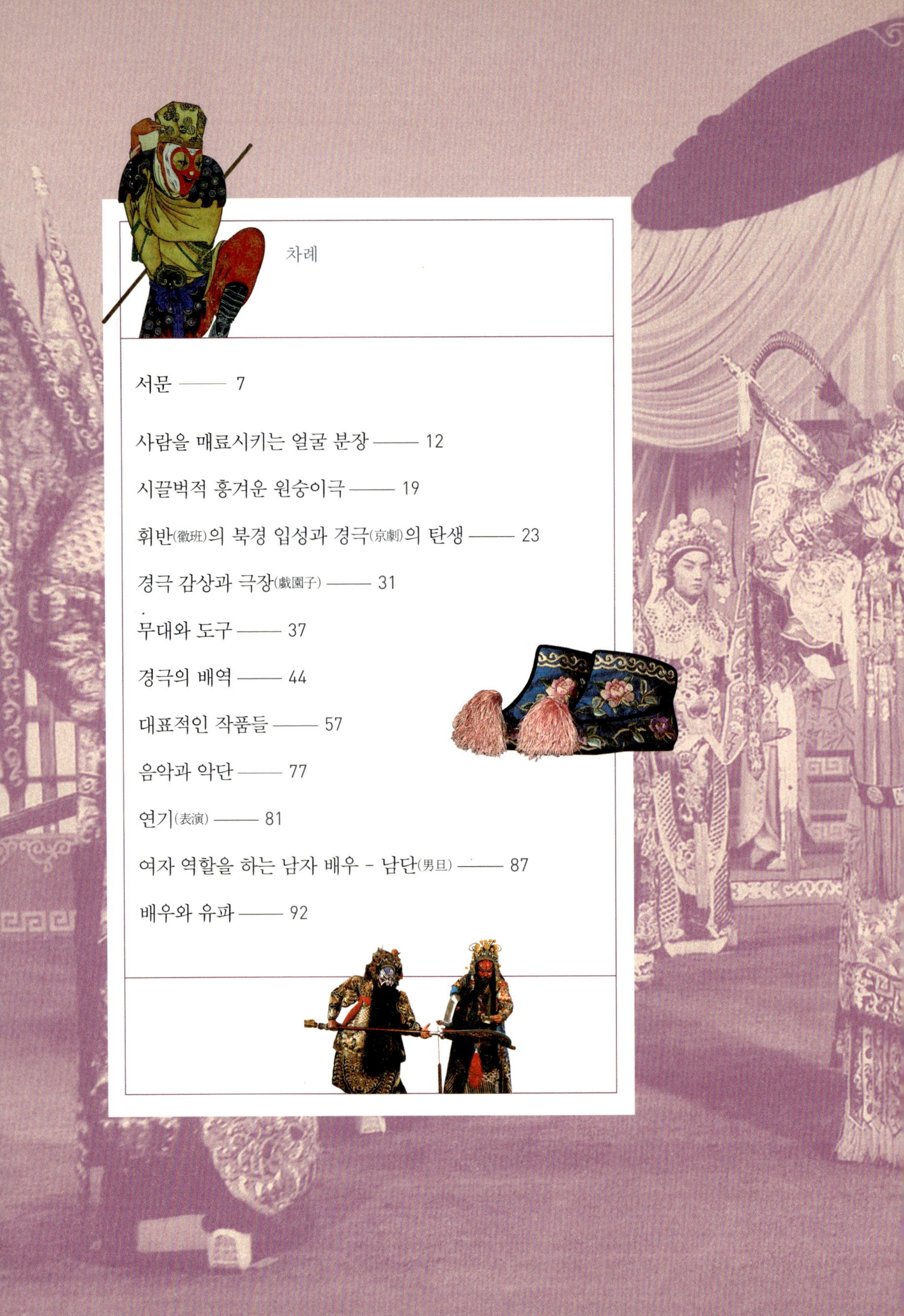

차례

중국문화 · 6

中國京劇

경극

Peking Opera by Xu Chengbei

*본문 사진 제공: 매란방 기념관, 중국 영화 자료관, Photocome

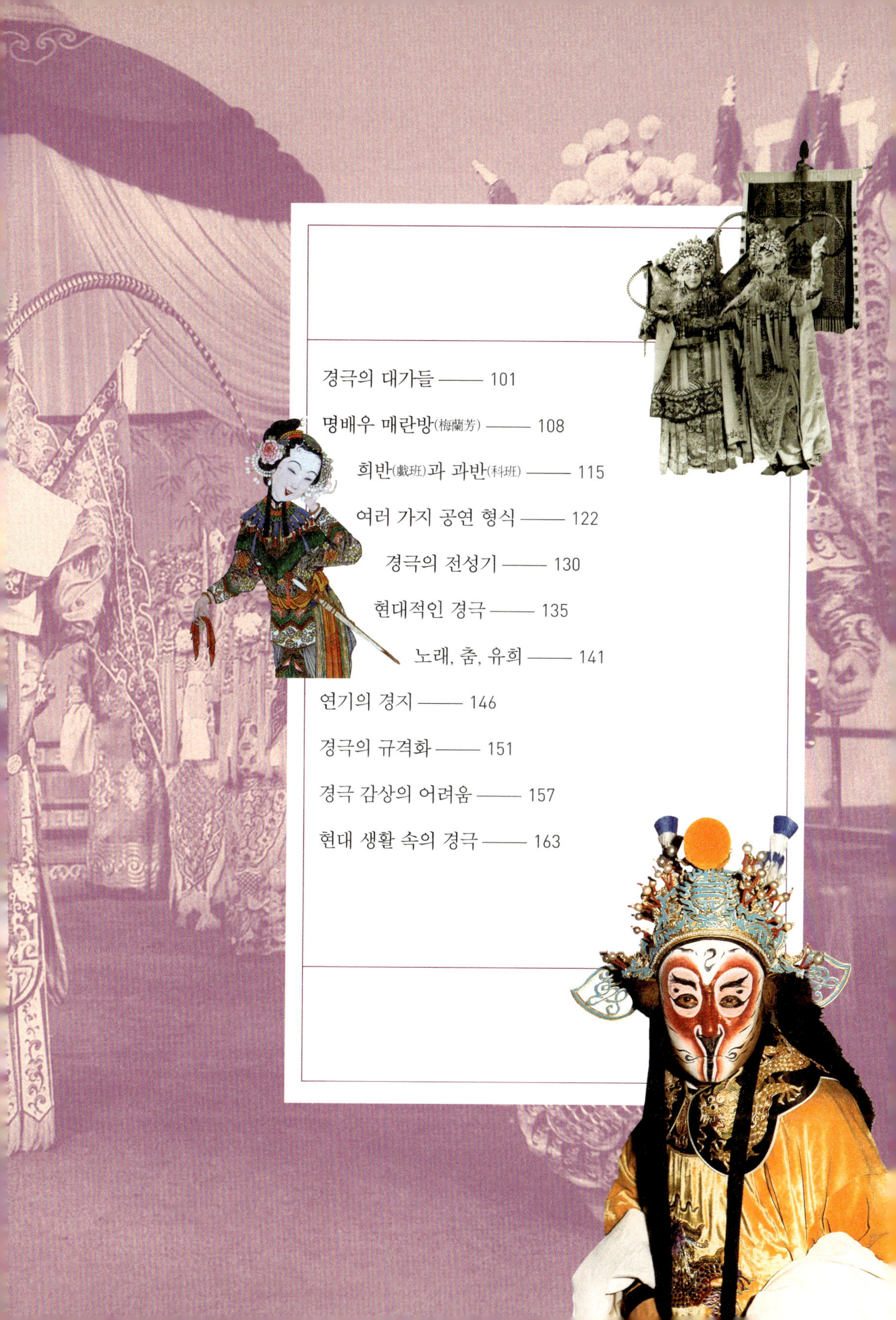

경극에서 가장 흔히 볼 수 있는 감정의 한 유형이 재자가인(才子佳人)의 사랑이다. 사모하는 마음이 절절하며, 바다가 마르고 바위가 썩는다고 해도 사랑은 변하지 말자는 등의 약속이 있어야 한다. 기쁨과 슬픔, 만남과 이별의 이야기 안에는 사람을 감동시키는 아름다움의 정서가 깃들어 있다. 사진은 두근방(杜近芳)과 유진비(俞振飛)가 공연한 경극 「백사전(白蛇傳)」 중의 한 장면으로, 남녀 주인공이 첫눈에 반해 빗속에서 우산을 빌려주며 호감을 전달하는 장면이다.

서문

북경에 처음 온 사람이라면 보통 만리장성, 자금성, 천단 공원에 먼저 가게 되는데, 이는 북경의 명승지 가운데 가장 역사적인 장소들이다. 만약 여행사의 패키지 여행을 한다면, 저녁이 되었을 때 가이드는 아마도 외국인 여행객을 데리고 장안가(長安街)*에 있는 장안 대희원(長安大戲院)에 갈 것이다. 이곳의 로비에는 휘황찬란한 조명과 각종 공예품을 파는 판매대가 있는데, 경극의 얼굴 분장(검보(臉譜))과 중국 경극을 소개하는 책자, 회화 작품, 음반류 등을 판매하기도 한다. 스피커에서는 간간히 경극의 노랫가락이 흘러나오는데, 이 소리를 듣노라면 무슨 작품인지 모르는 사람이라도 구성지고 심금을 울리는 선율에 매료될 것이다. 극장 안의 무대는 서양식인데, 무대 아래의 중간부터 뒤쪽에 있는 좌석에는 편안한 소파가 준비되어 있다. 앞쪽 좌석에는 정교한 팔선 탁자(八仙桌)와 태사의(太師椅)**가 놓여 있는데, 고전적인 구색을 맞추기 위한 상징물 같다. 자리를 잡고 나서 주변의 관중들을 둘러본다. 편안한 얼굴에 편안한 복장, 많은 사람들은 소곤소곤 담소를 나누다가 징 소리가 울리면, 바로 조용해져서 공연에 빠져든다. 극이 전개됨에 따라 관중들은 언제 누가 나올지를 알고 있는 듯하며, 또 언제 어떤 배우의 연기에 박수를 쳐야 하는

* **長安街**: 북경의 동서 방향을 가로지르는 주요 도로

** **太師椅**: 구식 팔걸이 나무 의자

북경의 야경. 북경은 문화 오락 활동이 다양한 도시이다(촬영 조덕춘(趙德春)).

지를 아는 것 같다. 더 이상한 것은 배우의 연기에 대해 중국 사람들이 열렬하게 반응을 보여준다는 것인데, 그들은 박수치는 것 외에 큰 소리로 '아오!'를 연발한다. 통역하는 사람에게 물어보니 열광하는 의미라고 한다.

경극이 생긴 것은 그리 오래되지 않았지만, 서양 사람들의 눈에는 무척 신비스럽게 비추어진다. 동양 문화라는 비옥한 토양에 뿌리를 두고 있는 경극은 서양의 희극과는 근본적인 차이가 있다. 북경의 서남쪽에 있는 호광 회관(湖廣會館) 또는 정을사(正乙祠)에서 경극을 관람한다면, 또 다른 느낌을 가지게 될 것이다. 갓 중국에 온 외국인 여행객이라도 오래된 양식의 두 개의 극장에 가보면 북경의 민속 경관을 이해할 수 있다. 이 두 곳은 근대 경극 극장의 옛터로서 전형적인 중국식 건축물이며, 극장 안의 시설 역시 옛 모습 그대로이기 때문이다. 그곳에 앉아서 경극을 감상하노라면 구경만 할 뿐이지만 고적을 탐방하는

영화 「패왕별희(霸王別姬)」(1992년 출품) 사진. 국제 영화제에서 수상한 중국 영화로, 이 작품을 통해 많은 외국인들이 경극에 대해 이해하기 시작했다. 이 영화는 홍콩 작가인 이벽화(李碧華)의 동명 소설을 각색한 것으로, 진개가(陳凱歌) 감독의 작품이다. 사진은 영화의 세 주인공인 공리(鞏俐, 왼쪽), 장풍의(張豊毅, 가운데), 장국영(張國榮, 오른쪽)이 나온 한 장면이다.

것 같은 정중한 느낌이 생겨나기도 한다.

경극을 처음 본 외국인들이라면 누구든지 경극에 대해 약간의 거리감 같은 생소함을 느끼게 되는데, 알아듣지도 알아보지도 못하기 때문이다. 사실 외국인들은 말할 것도 없고, 오늘날의 중국 사람들 역시 경극에 대해 약간의 서먹함을 가지고 있을 정도라, 경극에 가까이 가는 것이 분명 쉬운 일은 아니다. 그러나 경극의 예술적인 특징과 문화적인 내용을 이해하고자 하는 마음만 있다면, 어쩌면 이렇게 재미있을 수 있을까라고 느낄 수 있다. 어느 날 아침 귓가에서 잉잉거리는 노랫소리가 맴돌며, 문득 스스로 이미 경극을 사랑하게 되었다는 것을 깨닫게 될지도 모른다.

촬영 왕묘(王苗)

【경극】

사람을 매료시키는 얼굴 분장

외국인들이 처음 경극을 볼 때는 놀라지 않을 수가 없다. 어째서 어떤 배우는 얼굴에 빨강색, 흰색, 검정색, 노랑색, 녹색, 파랑색 등으로 도안이 색칠되어 있는 것일까? 혹시 가면은 아닐까? 그러나 '가면'은 사람의 얼굴에 씌우는 것이므로 벗어버리면 사람의 원래 모습으로 돌아갈 수 있지만, 경극의 얼굴 분장은 그것과는 확실히 다르게, 사람의 얼굴 위에 그리는 것이다. 많은 외국인 여행객들은 그 신기함 때문에 무대 뒤로 가서 기다렸다가 화장 지우는 것을 보기도 한다. 또한 다음번에는 경극을 보기 전에 무대 뒤로 가서 배우가 어떻게 화장하는지를 먼저 가서 보려고 한다. 세계적으로 유명한 성악가인 테너 파바로티도 경극 배우들에게 효웅 초패왕(楚霸王) 항우(項羽)[1]의 얼굴 분장을 그려달라고 했다는 이야기가 있다.

희극 작품에서 인물의 얼굴 위에 그려내는 특정한 도안을 '검보(臉譜)'라고 한다. 그것은 중국 희곡의 독특한 표현 형식으로 몇천 가지가 있으며, 모든 검보는 제각각 특별한 의미가 있다. 검보는 여러 가지 얼굴색에 따라 분류하는데, 얼굴색으로는 주로 빨강, 자주, 흰색, 노랑, 검정, 파랑, 녹색, 분홍, 회색, 갈색, 금색, 은색 등이 있다. 얼굴의 무늬는 항상 다른 색상으로 그려서 바탕색을 부각시키며, 분장할 때 유성 안료와 섞어서 효과가 오래 지속되도록 한다. 검보에 최초로 사용하던 색상은 검정, 빨강, 흰색 세 가지 위주였다. 중국 희곡 이론가인 옹우홍(翁偶虹)[2]의 연구에 따르면 희곡 작품이 많아짐에 따라 덩달아 많아진 희곡의 등장인물을 돋보이게 하고 구별하기 위해서, 원래의 검정, 빨강, 흰색의 세 가지 색상만으로는 부족해졌다고 한다. 그래서 영특한 희곡 예술가들이 고전 소설에 나오는 묘사와 평서예인(評書藝人)의 강술(講述)에서 새로운 검보를 창작하기 위한 힌트를 얻었다. 예를 들어 '얼굴이 홍갈색 같은(面如重棗)', '얼굴이 먹색 같은(面似烏金)', '얼굴이 매우 흰(面似油白)', '얼굴색이 누런(面色薑黃)', '푸른 얼굴에 붉은 수염(綠臉紅須)', '붉은 수염에 쪽빛 얼굴(紅胡子藍靛臉)', 그리고 '표범 머리에 고리 모양의 눈(豹頭環眼)*', '봉황의 눈에 누에 모양 눈썹(鳳眼蠶眉)', '사자의 코(獅子鼻)', '빗자루 눈썹' 등의 형상을 나타냈다. 이 과정에서 예술적인 과장, 변형을 통해 얼굴색과 선의 이미지를 이용하여 등장인물의 얼굴에 그렸다.

검보의 희극적 기능으로부터 출발하여, 어떤 배역(行當)**의 인물을 막론하고, 특별히 과장된 얼굴 형상이 필요하다면 모두 간단히 그려낼 수가 있다. 보통은 정(淨)과 축(丑) 두 배역을 그린 검보가 비교적 많다. 일반 관중들이 검보를 감상할 때, 대부분이 관심을 가지는 것은 정(淨)의 것이지만, 경극에서 축(丑)의 역할이야말로 가장 먼저 검보로 그려졌다. 정(淨)은 '화검(花臉)***'이라고도 하는데, 이름을 통해 짐작할 수 있듯이, 얼굴에 그린 것이 화려해서 다른 인물의 검보와는 매우 분명한 차이가 있다. 그와 비교할 때, 축(丑)의 검보는 화검보다는 간단하지만, 축으로 표현되는 인물은 비교적 화검보다 많고 복잡하며, 표현되는 예술적인 효과도 화검보다 비

* **豹頭環眼**: 용맹스럽고 위엄 있는 모양을 나타낸다.

** **行當**: 배우들의 배역을 일컫는 말이다.

*** **花臉**: 얼굴을 여러 가지 물감으로 분장한 배역. 성격이 강렬하거나 거친 남자 배역

교적 분명하다. 따라서 축의 얼굴 분장은 정교하고 세밀하여, 일반적인 '두부괴(豆腐塊)*'를 그릴 때에도 그리는 부위와 크기가 사람마다, 작품마다 다르다.

검보를 그리는 것은 경극 배우가 특정한 역할을 드러내기 위한 화장법인데, 역할에 따라 화법과 도안이 다르기 때문에 자칫 착각하거나 실수하기 쉬우므로 조심해야 한다. 구체적으로 들어가면 화법은 변화가 많고 각각 매우 미묘해서, 어떤 것은 손으로 색을 찍어 얼굴 위에다 약간 비비면 되고 붓으로 그릴 필요가 없는 경우도 있다. 예를 들어 무희(武戲)에서 대 영웅의 역을 하는 배우가 여기에 해당된다. 일반적으로 무장(武將)인 경우 열에 아홉은 얼굴 분장을 한다. 여러 가지 다양한 색상과 기름을 섞어서 얼굴에 그리는데, 색깔의 농담(濃淡), 눈의 크기, 두 눈썹의 곡직, 무늬의 변화, 붓놀림의 강도 등 모두 고심하여 그려야 하며, 아무렇게나 하면 안 된다. 간신은 얼굴에 바르는 것이 더 많은데, 눈썹에 짙게 삼각형을 그리고, 거기에 한두 줄의 간문(奸紋)**을 뺨에 뿌리며, 얼굴 전체는 흰색 바탕이어서 마치 가면 같아 원래의 얼굴을 찾아볼 수가 없다.

검보를 그리는 기법은 매우 세밀하고 색채도 선명하다. 또한 그 윤곽은 구부러진 곳도 있고, 곧은 곳도 있으며 선은 굵기도 하고 가늘기도 하여 종류가 매우 많다. 검보는 선악의 의미를 담고 있어서, 충신인지 간신인지를 보여주고, 또한 친족관계나 각자의 개성을 나타내기도 한다. 그리고 가지각색의 신분을 드러내어 더욱 관중의 주의를 환기시킬 수 있는데, 이것을 통해 연기자들의 표정이 부족한 것을 보충하기 위한 것이므로 경극의 두드러진 특징이 되었다. 검보는 개성을 나타낸다. 예를 들어 붉은 얼굴(紅臉)은 충성스럽고 용맹스러우며 정직하고 솔직함을, 검은 얼굴(黑臉)은 호

배우들이 작품을 배울 때는 맡아야 할 역할의 검보 그리는 것도 배워야 한다. 중국 희곡 학교(中國戲曲學校) 3학년 학생이 검보 그리는 것을 연습하고 있다(1964).

방하고 어리석음을, 푸른 얼굴(藍臉)은 포악하고 오만하며 용맹스러움을, 매우 흰 얼굴은 흉중에 악의를 품고 있는 것을, 두부검(豆腐臉)은 지위가 낮음을 나타내는 등…. 이와 같이 다 예를 들 수 없을 정도로, 얼굴색과 그림의 무늬로써 극 중 인물의 개성을 표현하여 관중들이 일목요연하게 알 수 있도록 해준다. 친족을 나타낼 경우, 극 중의 부자가 같은 색의 얼굴로 그려지고, 그리는 방법과 도안 역시 대동소이할 것이다. 신분을 드러내기도 하는데, 일반적으로 금색이나 은색으로 그린 배역은 도가(道家)가 아니라 불가(佛家)이며, 뱀, 벌레, 물고기, 새우 도안(蛇蟲魚蝦圖案)으로 그린 것은 반드시 물귀신이나 산의 정령에 속한다. 또한 얼굴 전체에 그리는 검보는 충신과 효자가 많음을 내포하고 있고, 녹색, 푸른색으로 그린 것은 초야의 영웅임을 나타낸다. 콩팥 모양의 눈에 몽둥이 눈썹을 그린 것은 반드시 승려(和尚)이며, 새 모양의 눈에 얇은 입술로 그린 것은 궁정의 내시, 얼굴에 '두부 덩어리'를 그린 것은 보잘 것 없는 사람임이 분명하다. 검보는 배우의 연기 범위도 확대시킬 수 있으며, 동물 역할도 표현할 수 있어서, 진짜 소나 말이 무대에 오를 필요도 없고, 동물 역할을 하는 사람이 대사도

검보를 그리는 것은 배우로서 전문적인 재주이다. 유명한 축(丑) 연기자인 장금량(張金梁)은 전통 규칙에 따라 몇천 종의 검보를 그릴 수 있는, 당시에 몇 안 되는 예인으로, 이것은 「소삼기해(蘇三起解)」에서 연기했던 숭공도(崇公道)의 자화상이다.

* **豆腐塊**: 얼굴 중앙 부분에 흰색으로 그린 두부 크기의 그림 모양

** **奸紋**: 파리 다리

청관조판처(淸官造辦處)의 '그림 그리는 사람(畵畵人)'이 그린 희곡 인물화. 검보의 기풍이 오래되어 가면에 가깝다(출전 『승평서 희곡 인물화책(升平署戲曲人物畵册)』, 북경 도서관 소장).

좌 남자 축(丑)(그림 장금량(張金梁))

우 여자 축(그림 장금량)

할 수 있게 하여 관객에게 훨씬 큰 재미를 준다.

다년간의 발전을 통해 검보가 어떻게 그려지고, 무엇을 상징하는지는 이미 암암리에 정해진 규격화된 특징을 지니게 되었다. 이것에 익숙한 관중들은 그 얼굴을 봄으로써 곧 어떤 작품의 어떤 인물인지를 알 수 있다. 여기에서 중국인의 특정 역사 인물에 대한 이미 정해진 역사적 평가와 감정의 경향을 볼 수 있다. 예를 들어 중국인들에게 익숙한 경극의 등장인물 중 조조(曹操), 엄숭(嚴崇) 등은 순백의 얼굴(大白臉)*을 하고 있는데, 이는 간사하고 독선을 일삼는 것을 표현한 것이다. 반대로 관우(關羽)의 붉은 얼굴은 위엄을 의미하며, 정이 깊고 의리를 중시함을 나타낸다. 포증(包拯)의 검은 얼굴과 국자 눈썹(勺眉)은 인정에 구애됨 없이 공평무사함을 의미한다. 검보는 경극의 사의(寫意)적 수법이 도달할 수 있는 최고의 표현이며, 검보의 상징적 의의를 이해하는 것은 작품의 내용을 이해하는 데 도움이 된다. 검보가 희곡 공연에서 정형화된 이후에도 가면은 없어지지 않았는데, 예를 들어 길상극(吉祥戲)이나 신화극(神話戲) 또는 '재물신의 얼굴(財神臉子)', '우레신의 얼굴(雷公臉子)' 등을 상연할 때는 가면과 검보가 함께

* **大白臉**: 교활한 얼굴

무대에 출현하였다.

경극의 검보는 많은 외국인들이 볼 때 매우 신비한 경극 문화의 상징으로서, 각양각색의 검보 도안의 공예품이 갈수록 주의를 끌고 있다. 심지어는 옷의 디자인에도 검보 도안이 새로운 패션의 코드가 되어 패션쇼에도 등장하여, 복식과 함께 현대인의 생활에 다가가고 있다.

1| **초패왕**(楚霸王) **항우**(項羽): 경극 「패왕별희」의 남자 주인공, 화검(花臉). 2000여 년 전 한 영웅의 말로를 연기한 슬픈 노래이다.

2| **옹우홍**(翁偶虹,1909~1994): 중국 희곡 이론가 겸 작가. 『옹후옹 희곡 논문집(翁偶虹戲曲論文集)』, 『옹후옹의 각본 생애(翁偶虹編劇生涯)』 등의 저서와 총 100여 편의 창작 희곡 작품이 있다.

시끌벅적 흥겨운 원숭이극

북경 토박이들은 묘회(廟會)* 구경을 좋아했다. 묘회가 열릴 때마다 인산인해가 되는데, 맛있는 먹을거리, 재미있는 놀거리 등 없는 것이 없어서 특히 아이들이 즐거워했다. 묘회에서 항상 파는 장난감이 하나 있었는데, 바로 손오공(孫悟空)의 무기인 여의봉이다. 중국인들은 어려서부터 여의봉이 동해(東海)의 정해신침(定海神針)으로부터 변화된 것이라고 듣고 자랐다. 그것을 사가지고 돌아가서는 무대 위 '미후왕(美猴王)' 손오공의 모양을 배워 진지하게 몇 번 가지고 놀다가, 정말로 그 재미에 빠지기도 한다. 아이들은 흥미진진하게 손오공의 이야기 몇 편을 이야기하고, 귀를 긁다가 턱을 쓰다듬기를 반복하는 손오공의 동작을 진짜처럼 따라하면서 즐거워한다.

중국에서 손오공이라면 모르는 사람이 없을 정도로 유명한 희극의 등장인물이다. 그는 중국의 유명한 장편소설 『서유기(西遊記)』에 나오는 주인공으로, 중국인들은 총명하고 기지가 있으며, 정의감으로 불타는 정령(精靈)을 더할 나위 없이 좋아한다. 손오공의 가면과 여의봉은 아이들이 손오공을 따라할 때 쓰는 도구이다.

오늘날 중국에 처음 와서 경극을 보는 사람들은, 가장 먼저 손오

*** 廟會**: 원래는 사원 안이나 주위에 정기적으로 서던 장이었으나, 후에는 춘절 또는 다른 명절의 경축을 위한 장을 지칭하였으며, 오늘날 도시에서는 이미 거의 볼 수 없게 되었다.

공과 관련된 극을 보게 될 것이다. 무대 위에서 원숭이를 닮은 배우가 황색 꽃무늬 무대 의상을 입고, 손을 흔들어가며 연기하는 민첩한 동작들은 보는 사람들의 눈을 현란하게 한다. 한 편의 연극이 끝나고 나면, 금색 눈화장을 한 무소불능의 주연 배우는 사람들에게 깊은 인상을 남겨준다. 일찍이 1926년에 경극의 무생(武生) 역의 대가인 양소루(楊小樓)[1]와 원숭이극의 명배우인 정법상(鄭法祥)[2]은 일본에 가서 「요천궁(鬧天宮)」[3], 「수렴동(水簾洞)」[4] 등의 원숭이극을 공연하였으며, 이것들은 모두 해외 관중들에게도 열렬한 환영을 받았던 작품들이었다.

원숭이극에는 여러 장(場)이 있는데, 제목과 이야기가 달라지며, 배우들마다 표현해내는 손오공의 수법에도 차이가 있고, 검보 또한 거의 비슷하지 않다. 경극에서의 원숭이극은 곤곡(崑曲)[5]에서 왔는데, 오늘날 손오공은 일반적으로 모두 무생(武生)이 연기하고 있다. 그는 신비한 원숭이이기 때문에 기민함, 활발함, 가볍고 민첩함을 동작으로 표현해야 하고 기백도 있어야 하므로 정교한 연기를 해야 한다. 경극에서 무생(武生) 역의 대가들은 '사람이 원숭이를 배우고, 원숭이가 사람을 배운다'라는 원칙을 따라 원숭이극의 모든 기교를 빠짐없이 연마했다. 양소루(楊小樓)

상 『청대(淸代) 승평서(升平署) 희곡 인물 화보집』에 수록되어 있는 손오공의 분장한 모습(북경 도서관 소장)

하 「대료천궁(大鬧天宮)」의 시끌벅적하고 웅대한 공연 장면(1959)

좌 미후왕 손오공(촬영 오강(吳鋼))

우 그림자극(皮影戲)의 손오공

와 그의 부친인 양월루(楊月樓)[6] 및 후에 유명한 무생이 된 이만춘(李萬春)[7], 섭성장(葉盛章)[8], 이소춘(李少春)[9] 등이 모두 원숭이극에 뛰어났다. 1937년에서 1942년까지 북경 극단에서 원숭이극이 매우 인기가 있었기 때문에 경쟁이 치열했으며, 그 결과 소설 「서유기」에서 너무나 많은 희극이 파생되어 나와서, 심지어 어떤 극단에서는 연속 상연의 형식으로 원숭이극만을 전문적으로 공연하기도 하였다. 「석후출세(石猴出世)」[10]라는 희극이 나오자, 실제 배경을 본떠서 가능한 한 진짜 같은 효과를 내려고 하였으나, 당시 북경의 관중들은 기교를 좋아해서, 배경은 중요시하지 않았기 때문에 반응은 반반이었다.

1| **양소루**(楊小樓, 1878~1938): 국극(國劇)의 종사(宗師)로 불리며, 무생 배우이다. 매란방, 여숙암과 함께 '삼현(三賢)'으로 불리는 경극계의 대표 인물이다.

2| **정법상**(鄭法祥, 1892~1965): 경극의 무생(武生) 배우. 방자희의 무생 배우였던 아버지를 따라 10세 때부터 재예를 배우기 시작하였으며, 처음에는 방자희의 화단(花旦) 역할을 배웠으나, 후에 무생으로 바꾸었고, 아울러 오공희(悟空戲)도 익혔다. 1926년에는 일본에 가서 공연하기도 했으며, 1949년 이후에는 상해 경극원과 중국 희극 학교의 교수를 맡기도 하였다.

3| 「**요천궁**(鬧天宮)」: 손오공이 하늘 궁정에 난입하여, 어리석고 제멋대로인 통치 세력에 도전하여 천국의 군사들과 맞서 홀로 싸우는 이야기이다.

4| 「**수렴동**(水簾洞)」: 손오공이 화과산(花果山) 수렴동(水簾洞)에서 산을 점령하고 왕이 된다는 이야기이다.

5| **곤곡**(崑曲): 중국의 오래된 희극 형태 중의 하나. 13~14세기 강소(江蘇) 소주(蘇州)의 곤산(崑山) 지역에서 기원하였으며, '곤산강(崑山腔)'이라고도 부른다.

6| **양월루**(楊月樓, 1844~1889): 무생(武生) 배우. 손오공 역할에 특히 뛰어난 배우로 원숭이극에서 동작이 민첩해 '양 원숭이'라는 별명으로 불리기도 했다.

7| **이만춘**(李萬春, 1911~1985): 청나라 말기 유명한 무화검(武花臉) 배우였던 아버지 이영리(李永利)를 따라 5세부터 재예를 배웠으며, 대사와 노래, 무술 모두에 능통하고 각각 개성이 강해서, 북경에서 '연기 신동'으로 불렸다. '영춘사(永春社)', '명춘사(鳴春社)' 과반(科班)을 설립하여 300여 명의 배우를 키워내기도 하였고, 다수의 신극(新戲)도 공연하였다.

8| **섭성장**(葉盛章, 1912~1966): 무축(武丑) 배우로 섭파(葉派)의 창시자. 경극에서 무축 역할이 주요 배역이 되도록 하는데 길을 열었던 배우이다. 1950년 이후에 이소춘(李小春), 원세해(袁世海)와 함께 신중국 실험 극단(新中國實驗劇團; 후에 중국 경극원(中國 京劇院)에 병합됨)을 조직하였으며, 북경시 희극 학교에서 교편을 잡기도 하였다.

9| **이소춘**(李少春, 1919~1975): 무생(武生) 배우로 13살 때 이미 정식 무대에서 공연할 만큼 연기가 훌륭하였다. 후에 여숙암(余叔岩)의 입실제자(入室弟子; 스승의 집에 들어가 배우는 제자)가 되었다.

10| 「**석후출세**(石猴出世)」: 손오공이 세상에 나와 예(禮)를 배우는 것을 묘사한 내용이다.

휘반(徽班)의 북경 입성과 경극(京劇)의 탄생

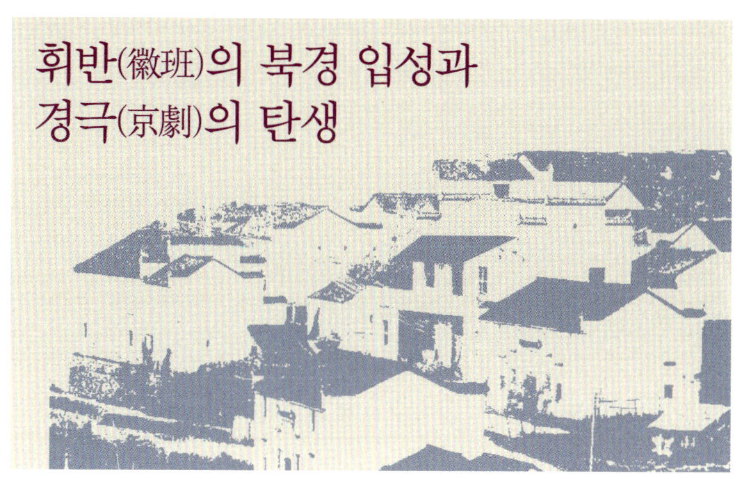

청(淸)[1]나라의 통치자들은 거의 모두가 희극을 좋아하여, 희극에 조예가 깊은 사람도 있었다. 예를 들어 청 말기의 통치자인 자희 태후(慈禧太后)[2]가 여기에 해당된다.

18세기 말, 중국 희곡의 곡조는 전국적으로 몇 갈래의 중요한 계통을 형성하여 근대까지 계속 발전했다. 당시 민간에서 유행하던 지방극(地方戲)은 고강(高腔)[3], 익양강(弋陽腔)[4], 방자강(梆子腔)[5], 유자강(柳子腔)[6] 등이 있었다. 그 당시 문인들이 보기에 이러한 난잡한 희극들은 고상한 취향과 엄격한 극본으로 문학적 가치를 지닌 곤곡(崑曲)과는 함께 논할 수조차 없는 것이어서, 연기하는 몸짓, 표정, 곡조 역시 곤곡이 가진 엄격한 규범과는 비교할 수 없었다. 따라서 그들은 이러한 지방극들을 '화부(花部)' 또는 '난탄(亂彈)'이라고 불러 경시하였다. 그러나 바로 이런 너저분한 화부는 민간 문화에 생동적이고 활발한 기운을 침투시켜, 그 특유의 민간 색채와 비교적 자유로운 표현 형태로 중국 희곡 무대에 신선한 생명력을 불어넣었다.

화부의 유행은 그 자체의 통속성과 관련이 있다. 화부 희극들은 어떤 역사적인 이야기나 민간의 전설을 공연하는 것이 대부분인데, 모

* 徽班: 안휘성의 지방극인 휘반(안휘, 강소, 절강, 강서 등에서 유행함)을 하는 극단

** 漢戱: 호북 지방에서 발원하였다.

*** 西皮: '서부 지역의 곡조'라는 뜻

두 농업 사회의 노동 계층이 즐겁게 듣고 보던 것이다. 그러므로 노랫가락이 명쾌하고 격정적이며 노래 부분과 대사 부분이 통속적이어서 이해가 쉬워 노동 계층의 감상 수준과 예술적 취향에 딱 들어맞았다. 이 때문에 일반 백성들에게는 그보다 더 좋은 오락이 없었다. 이와 같이 활발하게 유행하던 화부가 경극의 맹아를 내포하고 있었던 것이다. 경극은 순전히 북경에서 생겨나고 성장한 지방극이 아니다. 그 전신은 17세기 중엽 중국 양자강 중하류 지역에서 성행하던 휘반(徽班)*이 공연했던 '화부'이다. 그들은 휘곡(徽曲)만 공연하지 않고, 곤곡, 한희(漢戱)**와 중원 지역에서 발원한 방자(梆子)도 공연하였는데, 경극은 일찍이 휘반이 북경에 들어오기 전에, '이황(二黃)'과 '서피(西皮)***가 지닌 특징과 섞였다. 이황의 특징은 평화롭고, 안정되었으며, 깊이 있고 서정적이다. 박자가 평온하고 노래 곡조가 부드러워 편안하기 때문에 깊은 생각, 슬픔, 감탄, 비분 등의 정서를 표현하는 데 적당하여 비극에서 많이 사용된다. 서피의 곡조는 활발하고 통통 튀며, 강하고 힘이 있으며, 노래 곡조가 명랑하고 경쾌해서 즐겁고 유쾌함,

시적 정서가 흐르는 그림과 같은 풍경의 강서성의 무원(婺源). '중국에서 가장 아름다운 농촌'으로 불리는데, 여기에서 '경극의 전신'인 휘극의 전아한 음률을 감상할 수 있다.

고궁(故宮)의 창음각(暢音閣) 대희대(大戲臺). 명절, 황제의 등극, 황후의 생일 등 중대한 경축 행사가 있을 때마다 황실 가족들과 귀족들은 모두 궁중에 모여 희극을 관람하였다. 이 대희대는 모두 세 층으로 나뉘어 있는데, 뒷면에는 나무 계단이 있어서 세 층의 무대가 연결되었다. 가장 아래쪽의 1층 중앙과 네 모퉁이에는 다섯 개의 지정(地井)이 있어서 작품 내용의 필요에 따라 무대 배경과 인물을 지하로부터 위로 끌어올리고, 또한 세 개의 천정(天井)이 위쪽의 두 층과 통하게 되어 있어서, 귀신극을 공연할 때 도르래를 이용해서 인물과 배경을 위에서부터 아래로 내려 보내어 하늘에서 아래로 내려오는 것 같은 효과를 낼 수 있었다. 황제는 희대(戲臺) 맞은편의 열시루(閱是樓) 뒤쪽에서 관람하였다(촬영 장조기(張肇基)).

의연함, 분노의 정서를 표현하는 데 적합하다. 이 두 음계는 경극의 곡조(聲腔) 계통의 핵심을 이루었다.

이미 도시에서 몇백 년 동안을 활약하던 곤곡과는 달리, 경극의 음조는 소박하고 배우기에 쉬웠는데, 정해진 악보에 얽매이지 않고 형식의 구속을 받지 않으며, 음률과 문채(文彩), 전고(典故)를 다 알 필요도 없을 뿐 아니라, 방언, 속어, 지방의 속요도 마음대로 자유롭게 넣을 수 있었기 때문이다. 공연 형식 또한 자연스럽고 융통성 있었으며, 또한 억센 생명력을 가진 원시 형태를 보존하고 있었다. 예를 들어 무대 뒤에서의 방창(幇唱), 또는 타악기를 사용하는 것 등은 향촌의 관중들에게 환영을 받았다.

만청의 유명한 화가인 심용포(沈容圃)가 그린 「동광십삼절(同光十三絶」. 희곡 분장을 한 인물의 초상화로 현재 매란방 기념관에 소장되어 있다. 각각의 배역 중 대표적인 연기 예술가들이 그려져 있는데 다음과 같다. 정장경(程長庚)이 연기한 「군영회(群英會)」의 노숙(魯肅, 왼쪽 여섯 번째, 노생 역), 노승규(盧勝奎)가 연기한 「공성계(空城計)」 또는 「전북원(戰北原)」의 제갈량(諸葛亮, 오른쪽 네 번째, 노생 역), 장승규(張勝奎)가 연기한 「일봉설(一捧雪)」의 막성(莫成, 왼쪽 두 번째, 노생 역), 양월루(楊月樓)가 연기한 「사랑탐모(四郎探母)」의 양연휘(楊延輝, 오른쪽 첫 번째, 노생 역), 서소향(徐小香)이 연기한 「군영회」의 주유(周瑜, 왼쪽 일곱 번째, 소생(小生) 역), 담흠배(譚鑫培)가 연기한 「악호촌(惡虎村)」의 황천패(黃天霸, 오른쪽 두 번째, 무생 역), 매교령(梅巧玲)이 연기한 「안문관(雁門關)」 또는 「사랑탐모(四郎探母)」의 소태후(蕭太后, 왼쪽 세 번째, 단(旦) 역), 주연분(朱蓮芬)이 연기한 「옥잠기(玉簪記) · 금도(琴挑)」의 진묘상(陳妙常, 오른쪽 세 번째, 단 역), 시소복(時小福)이 연기한 「상원회(桑園會)」의 나부(羅敷, 오른쪽 여섯 번째, 단 역), 여자운(余紫雲)이 연기한 「채루기(彩樓記)」의 왕보천(王寶釧, 왼쪽 다섯 번째, 단 역), 학란전(郝蘭田)이 연기한 「조금귀(釣金龜)」의 강씨(康氏, 왼쪽 첫 번째, 노단 역), 양명옥(楊鳴玉)이 연기한 「사지성(思志誠)」의 민천량(閔天亮, 오른쪽 다섯 번째, 축 역), 유간삼(劉趕三)이 연기한 「탐친가(探親家)」의 시골 아줌마 역(왼쪽 네 번째, 축 역). 그림에 정(淨) 역할의 연기자는 없다. 동치(同治)[7] 시기, 광서(光緒)[8] 시기의 북경 무대에서 가장 뛰어난 배우들을 100% 대표한다고 할 수는 없지만, 경극이 성숙으로 가는 시기의 그림 자료라는 것만으로도 충분히 귀중한 가치가 있다.

1790년(건륭(乾隆) 55년), 고랑정(高朗亭)[9]을 위수로 한 삼경반(三慶班)이 북경에 들어와 건륭(乾隆)[10] 황제의 80세 생신 경축 공연에 참가하였다. 그 후 사희(四喜), 춘대(春臺), 화춘(和春) 등 몇몇 휘반들도 계속해서 북경에 들어왔다. 휘반이 북경에 들어온 것은 본래 황궁의 축수희(祝壽戲) 공연을 위해서였으나, 그들은 축수희 공연을 마치고도 고향으로 돌아가지 않고, 북경에 남아 민간에서 공연하였다.

휘반이 북경에 들어온 초기에는 청 왕조의 통치가 아직 흥성기였다. 북경은 당시 중국의 정치, 경제, 문화의 중심으로, 사회가 안정되고 상업이 번영하였다. 전체 사회의

문화적 깊이가 깊어 시문과 소설, 금석서화는 물론이고 묘당(廟堂)과 궁전, 원림과 가정 모든 곳에서 매우 높은 예술적 성취가 있어서 은연중에 사람들의 미적 관념에 영향을 주었다. 희곡 방면에서는 당시 전국의 지방극이 대부분 북경에서 공연되어, 희곡 예술이 전체적으로 번영하였는데, 이로 인해 경극이 더욱 크게 발전할 수 있는 여지가 생겼다. 이 밖에도 설창(說唱) 예술, 즉 평서(評書)*, 상성(相聲)**, 잡곡(雜曲)***도 상당히 활발하게 유행하였고, 각각의 작품 간, 각 예술 부문 간에 서로 귀감이 되고 영향을 주어 교류하고 함께 누리는 번성기에 있었다. 당시의 특정한 역사 문화적 배경에서 경극은 남북 민간 예술 형식의 집대성자라고 말할 수 있다.

휘반은 풍부하고 다양한 곡조와 제재, 이야기의 감동, 언어의 통속성과 독특한 무술 기교를 가지고 있었고, 배우들 또한 절묘한 기술을 많이 보유하고 있는 데다가, 다른 희곡의 기교 넘치는 연기의 장점들을 잘 흡수하여, 50~60년 동안의 변화와 발전을 거쳐, 독특한 희곡

* **評書**: 민간 예인이 이야기를 들려주는 것

** **相聲**: 말을 주요 표현 수단으로 하는 희극 예술

*** **雜曲**: 민간 설창 예술

장르인 경극을 탄생시켰다.

시골 마을의 야외 무대 공연에서부터 발전된 경극은 관객층이 매우 두터워서, 황족, 고관대작을 비롯하여 문인 학사, 상인, 시민, 수공업자 등까지 다양하였다. 경극이 날로 성숙해가던 19세기 말에서 20세기 초에는 북경의 수공업, 상업이 이미 발달하여 전국 각지의 상인 회관(會館)*의 경우 가장 많을 때는 360여 곳에 달했으며, 시민을 위해 봉사했던 일부 소비업 또한 비교적 번영하였다. 당시의 전문(前門) 일대는 상업의 중심이었을 뿐 아니라 찻집(茶園), 극장(戲園), 음식점(飯莊), 회관 등 공공장소가 집중되어 있는 곳이었다. 또한 천교(天橋), 종고루(鍾鼓樓) 일대는 소상인들이 운집해 있었을 뿐 아니라 각 부문의 예인들이 길에서 재주를 팔던 곳이었다. 이러한 것들은 정기적인 극장 공연으로 가기 위한 기초를 제공했을 뿐 아니라 극장, 극단의 경영과 관리에서 새로운 상업적 모색을 하게 되었다.

* **會館**: 명대 이후 동향 출신 또는 동업자의 상호 부조 · 친목 · 협의 · 제사 등을 위하여 대도시나 상업 중심 지역에 설립한 기관을 가리킨다.

1860년 이후, 행상들의 왕래와 극단의 유랑 공연에 따라, 경극은 매우 빠르게 전국 각지로 전파되었다. 천진(天津)과 그 주위의 하북(河北), 산동(山東) 일대는 경극이 처음으로 유행했던 지역인데, 그 외에도 안휘(安徽), 호북(湖北)과 동북 삼성(東北三省)에서도 유행하였다. 1867년에 경극은 상해(上海)까지 전해져 당시에 지명도 있던 일부 경극 배우들이 계속해서 남쪽으로 내려갔고, 상해는 북경과 견줄 만한 또 다른 경극의 중심이 되었다. 경극이 상해에 들어간 후, 몇 가지 새로운 특징이 생겨났고 나중에는 '북경파(京派)'와 '상해파(海派)'의 차이가 생겼다. 20세기 초에 이르러 남쪽으로는 복건(福建), 광동성(廣東省)까지, 동쪽으로는 강소(江蘇), 절강(浙江)까지, 북쪽으로는 흑룡강(黑龍江)까지, 서쪽으로는 운남(雲南)에

20세기 초의 북경은 향토적인 분위기에 한가로운 생활 모습을 엿볼 수 있었다.

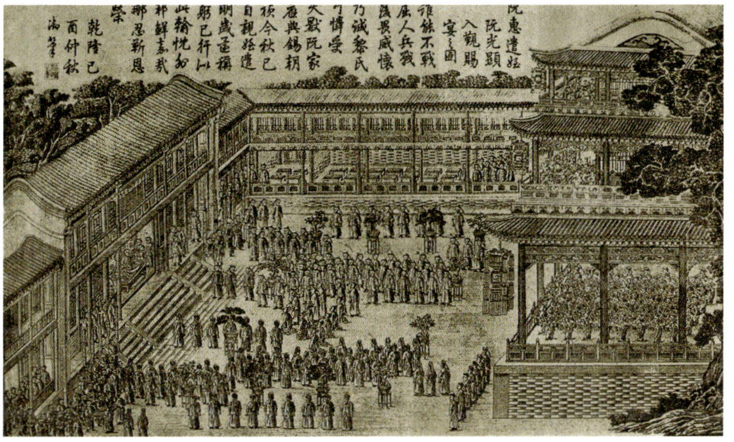

좌상 청말 경산(景山) 위에서 내려다본 자금성

좌하 청 건륭제 때 황실의 피서 산장인 복수원(福壽園)의 청음루(淸音樓)에서 경극을 관람하던 성대한 장면

우 태풍(泰豐) 사진관은 북경에서 가장 먼저 문을 연 사진관이다. 경리(經理) 임경풍(任景豐)은 일찍이 일본으로 건너가 촬영 기술을 배웠다. 1905년, 그는 프랑스에서 만들어진 수동 촬영기를 사서, 유리창(琉璃廠)의 토지사(土地祠) 정원 내에 자연광을 이용하여 친한 친구인 담흠배(譚鑫培)를 위해 「정군산(定軍山)」 중의 몇 컷을 찍었는데, 3일 동안 촬영하였으며 필름은 모두 세 개다. 비록 흑백 무성영화지만 중국 최초의 영화이며, 희극이다. 영화는 일찍이 대관루(大觀樓)와 길상원(吉祥園)에서 상영되었으며, 후에 강소(江蘇) 등지에서 상영되어 환영받았다. 사진은 그중 한 장면이다.

이르기까지 모두 경극의 공연이 있었다. 1940년대에 경극은 사천(四川), 산서(陝西), 귀주(貴州), 광서(廣西) 등지에서까지 상당한 발전을 이루었다.

1919년 매란방(梅蘭芳)[11]이 이끄는 극단이 일본에 가서 공연하면서, 경극 예술이 처음으로 해외에 전파되었다. 그 후 경극에 대한 이해가 깊어지면서 국제적으로 경극이 중국의 연극학파(演劇學派)로 공인되었다. 경극은 현재 중국 최대의 희극 장르이며, 작품의 다양함, 공연 예술가의 수, 극단 수, 관중 수 등 모든 면에서 중국 희극의 으뜸을 차지한다.

1| **청**(淸, 1644~1911): 명나라 이후 만주족 누르하치(奴爾哈赤)가 세운 정복 왕조로서 중국 최후의 통일 왕조. 1911년 신해혁명으로 멸망한다.

2| **자희 태후**(慈禧太后, 1835~1908): 함풍제의 후궁이었던 서태후의 성은 예허나라(葉赫那拉), 이름은 옥란(玉蘭)이다. 그녀는 함풍제의 여러 후궁 중 유일하게 아들을 낳았고 함풍제가 세상을 떠나자 그의 아들이 6세의 나이로 동치제에 즉위하였다. 이에 함풍 황제의 황후를 자안 태후(慈安太后)로, 서태후를 자희 태후(慈禧太后)로 칭하였다. 그러나 자안 태후의 거처가 자금성 내 동쪽의 종수궁(鍾粹宮)이었고, 자희 태후의 거처가 자금성 내 서쪽의 저수궁(儲秀宮)이었기 때문에, 사람들은 흔히 자안 태후를 동태후(東太后), 자희 태후를 서태후(西太后)라 부르게 되었다. 우리가 일반적으로 말하는 서태후는 바로 자희 태후를 일컫는 말이다.

3| **고강**(高腔): 희곡의 성강(聲腔) 계통의 총칭으로 강서성(江西成) 익양(弋陽) 지역에서 유래하였으므로 원래는 익양강(弋陽腔) 또는 익강(弋腔)으로 불렸다. 연기가 소박하고, 노래 가사는 통속적이며 창강은 높고 시끄러워서 한 사람이 노래하면 대중이 함께 노래하는 특징이 있다.

4| **익양강**(弋陽腔): 중국 양자강 중하류 지역 강서성 익양의 주요 희곡 곡조로 현재 감극(贛劇)의 기원 및 전신이다.

5| **방자강**(梆子腔): 희곡의 성강(聲腔) 계통의 총칭으로 산서(山西), 섬서(陝西) 지역의 경계 부근의 '산섬방자(山陝梆子)'에서 유래하였다. 소리의 특징은 높고 시끄러우며 목방으로 박자를 두드린다는 것이다. 하북(河北), 하남(河南), 산동(山東) 지역까지 널리 퍼졌다.

6| **유자강**(柳子腔): 산동 지방에서 기원하였으며, 현지에서 유행하는 민간의 속요(小調), 소곡(小曲)이 모여 곡조가 되었다.

7| **동치**(同治, 1862~1874): 청나라 제10대 황제 묵종 때의 연호. 묵종은 서태후의 친아들로 6세에 즉위하였으나 실제 정치에 관여하지 못하고 18세 때 천연두로 사망하였다.

8| **광서**(光緖, 1875~1906): 청나라의 제11대 황제 광서제 때의 연호. 광서제는 황제로 등극하긴 했지만 사실상 모든 권력은 서태후가 장악했고 서구 열강의 침탈이 시작되던 때였다. 변법자강책을 받아들여 개혁을 시도했으나 서태후를 위시한 수구파에 밀려 실패하고 유폐된 채 생을 마감한다.

9| **고랑정**(高朗亭, 1774~?): 청대 휘반(徽班)의 화단(花旦) 배역의 배우. 17세에 삼경 휘반(三慶徽班)을 따라 북경에 들어와서 이름을 널리 알렸고 후에는 삼경 휘반을 이끌었다. 북경 희곡예인들의 조직인 정충묘회(精忠廟會)의 수장을 맡기도 하였다.

10| **건륭**(乾隆, 1711~1799): 청나라의 전성기를 주도한 제6대 황제(1735~1795 재위). 정치적 능력 외에도 기본 자질이 매우 뛰어나 사회 전반에 많은 관심을 기울였다. 생전에 『사고전서(四庫全書)』를 완성했고 선교사와 유럽의 문화를 받아들이기도 했다.

11| **매란방**(梅蘭芳, 1894~1961): 정연추, 상소운, 순혜생과 함께 4대 명단이라고도 하며, 평생 동안 200출(出) 정도의 연기를 하였다. 1920년대부터 이름을 날렸으며, 일찍이 담흠배와 양소루의 대대적인 후원을 받아 무대에서 40년이나 활약하였다. 그는 '경파(京派)' 경극의 창조적인 인물로 상해가 발전할 때는 '해파(海派)' 예술로부터도 장점을 흡수하였다. 단 역의 모든 배역의 예술적 특성을 집대성한 '매파(梅派)'의 창시자이기도 하다. 그 외에도 일본, 미국, 유럽 등에서 공연하여, 경극을 세계 수준으로 끌어올리는 데 중요한 공헌을 한 중국 경극의 대표 인물이다.

경극 감상과 극장(戲園子)

예전에 북경에 처음 온 사람들은 어떻게든 시간을 내어 극장에 가서 경극을 관람했고, 악기가 연주되는 가운데 북경 사람의 삶의 정서를 체험했다. 오늘날의 사람들은 경극을 감상할 때 습관적으로 '경극을 본다(看戲)'라고 말하지만, 나이 든 세대는 오히려 '경극을 듣는다(聽戲)'라고 한다. 두 가지 표현에는 확실한 차이점이 있다. 경극이 중시하는 것은 곡조와 운율이며, 연기는 규격화되어 있어서 진정한 경극 매니아라면 눈을 감고 듣는 것만으로도 도취되며 그것을 즐긴다.

북경에는 건륭, 가경(嘉慶)[1] 시대 이래로 '찻집(茶園)' 극장이 크게 유행하였다. 당시의 북경은 내 · 외 두 성으로 구분되어 내성(內城)과 외성(外城)은 높은 성벽으로 둘러싸여 있었는데, 내성 안에는 황성(皇城)이 있었고, 황성 안에는 또한 자금성(紫禁城)이 있어서, 옛 북경성은 '큰 원은 작은 원을 둘러싸고, 작은 원은 또한 노란 원을 둘러싸는' 구조로 구성되어 있었다. 상당히 긴 시간 동안 내성은 발달하였지만 외성은 가난했다. 게다가 극장 같은 장소는 풍기를 문란하게 한다고 여겨서 내성에 세워지는 것이 금지되었다. 황궁의 축에서 남쪽을 향하는 가장 우뚝 선 건물의 내성의 남문을 '정양문(正陽門)'이라고 했고,

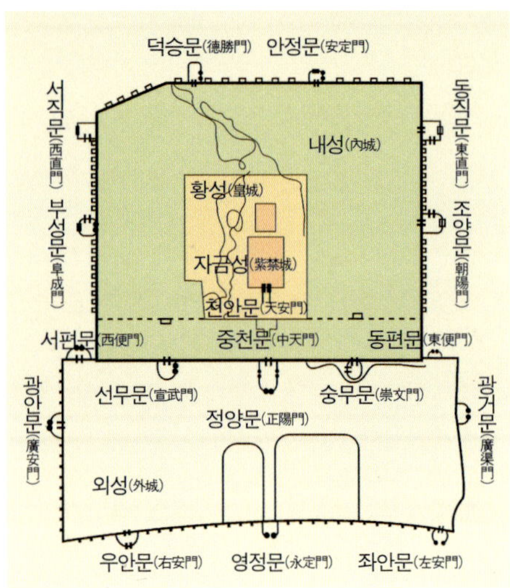

자금성이 중심인 옛 북경성. 그림에 보이는 외성 부분은 바로 민간의 '희원자'가 발전하게 된 공간이다.

백성들은 속칭 '전문(前門)'이라고 불렀는데, 전문 남쪽으로 상점이 운집해 있었으며, 극장도 이 일대에 점점 더 많이 세워졌다.

최초에 사람들은 찻집(茶園)에서 경극을 들었는데, 찻값만 지불하고 경극표는 사지 않았다. 이곳에 와서 차를 마시고 이야기를 나누면서 기분 전환을 하였으며 공연을 관람하는 것은 전적으로 '온 김에' 하는 일이었다. 19세기 중후기에 경극이 홍성함에 따라 북경의 이런 찻집 극장의 수는 대대적으로 증가하였다. 배우와 극단이 각각 다른 극장에서 공연하였으며, 공연 시간은 보통 10~12시간에 달하였고, 밤 공연은 하지 않았다. 찻값은 연극의 가치가 아니라 앉은 좌석의 가치에 따라 달랐다. 제공되는 차 이외에도 추가로 비용을 지불하면 간식거리(해바라기 씨, 소금에 볶은 땅콩 등)도 제공되었다. 이것 또한 들어가자마자 돈을 내야 하는 것이 아니라 압축희(壓軸戲)*의 시작 전후에 지불하였다. 1905년 전후에는 찻집 극장에서 찻값이 아닌 표 값을 받는 것으로 점차 바뀌었다.

'희원자(戲園子)'는 오늘날의 극장과는 많이 다르다. 희원자는 일반적으로 길에 인접한 곳에 지어졌고, 문 앞에는 나무로 제작된 단문패방(單門牌坊)이 세워져 있었으며 방액(坊額)에 극장의 이름을 써 넣었다. 희원 내의 무대는 정방형이며, 전목(磚木)으로 지어졌다. 무대의 네 귀퉁이에는 나무 기둥이 있고, 무대 앞쪽 두 개의 기둥에는 각각 대련(對聯)**이 매달려 있었다. 무대 정면의 조각에는 정교한 난간이 있었고, 난간의 꼭대기에는 나무로 조각된 연꽃 혹은 작은 사자가 장식되어 있었으며, 무대 위에 비로소 거꾸로 있는 꽃이 새겨진 난간이 있어서, 아래의 난간과 대칭이 되었다.

희원자의 시설은 매우 낡았다. 무대 아래의 관중석은 맨땅인 경우

---

* **壓軸戲**: 끝에서 두 번째 프로그램

** **對聯**: 문자 내용에서부터 글의 형식까지 서로 대구를 이루는 두 구절

가 많아서 더러웠고, 흙먼지가 일어나기 쉬웠다. 바닥을 벽돌과 시멘트로 포장한 것은 한참 뒤의 일이었다. 관중들의 좌석은 긴 탁자와 긴 의자이다. 무대의 세 면에 모두 좌석이 있었고, 좀 큰 희원(戲園)의 경우는 무대 삼면에 모두 누각이 있었다. 누각 아래 정면의 좌석과 무대는 수직으로 놓여 있었고, 무대 양 옆의 좌석과 무대는 예각의 형태로 놓여 있어서 사람들은 얼굴을 맞대고 앉아서 차를 마시며 경극을 들었다. 그리고 무대 위의 공연이 무르익을 즈음에야 비로소 몸을 기울여 머리를 돌려 보았다. 누각 위의 좌석은 삼면이 모두 무대와 바로 마주하고 있었다.

희원자에는 특별한 곳이 하나 더 있었다. 바로 무대 맞은편 누각 아래 뒤쪽으로 기대어 있는 위치에 장방형의 탁자가 놓여 있었는데, 위에는 '탄압석(彈壓席)'이라고 쓰여진 푯말이 세워져 있고, 탁자 위에는 작은 나무 걸개가 있어서 영전(令箭)을 위에 꽂았다. 이것은 극장의 치안을 유지하기 위해 설치한 것으로 연극이 시작된 후 사병들은 전부 무장을 하고 앉아 있었다. 또한 극장 측에서는 이들에게 차와 간식을 대접할 뿐 아니라 새해나 명절이 되면 뇌물(빨간 봉투)까지 주어 무장의 비호를 받으려고 하였다.

성석산(盛錫珊)이 그린 옛날 북경의 희원자

중국의 마지막 왕조가 붕괴(1911)되면서, 희원자의 내부 구조에도 변화가 생겼다. 1911년 건설된 제일 무대(第一舞臺)*가 먼저 희원자의 낡은 구조를 깨뜨렸다. 관중의 좌석은 횡렬의 긴 나무 의자로 바뀌었고, 무대는 타원형이었으며, 무대 중앙에는 인공 회전 무대가 있었고, 처음으로 막을 사용하였다. 이어서 새로 세워진 개명 희원(開明戱園)은 외국 극장의 구조를 모방하여 관중석이 한 줄 한 줄 1인용 의자로 되어 있었으며, 좌석표대로 앉기 시작하였다. 이러한 새 형식이 선을 보이자, 오래된 극장들 역시 이를 본떠 개조하였다. 점차적으로 경극의 공연 장소는 '극장', '극원(劇院)' 또는 '희원(戱園)'으로 바꾸어 불렀으며, 계속해서 서양 극장의 건축 구조를 모델로 한 신식 극장이 등장했다. 이에 비해 중국 고대 건축 기풍의 '희원자'는 서양식 극장보다 수용 인원은 좀 적었지만, 거기에서 경극을 듣고 있으면 오히려 제대로 맛이 나고, 배우들도 소리를 키우기 위해 확성기를 이용할 필요가 없었다.

청대에서 중화민국(中華民國)[2] 시기 초까지, 희원의 문 밖에는 해외의 소식이 붙어 있었지만, 매일 바뀌었고, 위에는 단지 어떤 극단, 어떤 배우가 공연하며, '운수대통 신극 공연, 비바람도 막을 수 없음(吉祥新戱, 風雨無阻)' 등의 글자가 쓰여 있을 뿐 구체적인 제목은 없었다. 예고의 방법

* **第一舞臺**: 전문외(前門外) 유수정가(柳樹井街) 북로(北路)에 위치

** **羅帽**: 비단 모자

이 그림은 청대 후기 북경 희원에서 공연하는 실황과 원내의 실제 풍경을 묘사한 것으로 공연한 동경반(同慶班)은 당시 북경에서 매우 유명하였다. 무대 위의 배역은 노생 한 명 이외에 나머지는 나모(羅帽)**를 쓰고, 영웅의 의상을 입고 큰 비단 혁대를 맨 배우는 단타무생(短打武生)이다. 관중은 노인부터 어린아이까지 있었지만, 여성은 없었는데, 당시에 여성이 희원에 와서 연극을 보는 것이 금지되는 사회 풍토를 반영하였다. 누각 위의 왼쪽에는 외국 의상을 입은 사람이 무대를 향해 손을 가리키고 있는데, 무대 위의 공연 모두를 이해하지는 못하는 듯하나 매우 즐거운 것 같다(왕수촌(王樹村) 소장).

상 매란방이 1920년대에 사용한 수구(守舊)*에 수놓아진 상서로움을 나타내는 공작, 아름답고 눈이 부시다.

하 천교(天橋)에는 일찍부터 북경의 민속 문화와 시정 문화가 집중되었다. 새로 건축된 천교락 다원(天橋樂茶園)은 옛 북경 다관(茶館)의 구조를 다시 등장시켰으며, 서비스 또한 전통적인 특색을 느낄 수 있게 한다. 매일 아침, 정오, 저녁 세 번의 희극, 곡예, 무술의 전문 프로그램을 공연한다(촬영 장조기).

은 그날 낮에서야 저녁에 할 공연에 사용되는 도구를 가지고 문 앞에 펼쳐 놓는 것뿐이었다. 그러면 평소에 공연을 좋아하는 사람은 희원자 문 앞에 와서 도구들만 보아도 어떤 연극을 하는지를 알았다. 예를 들어 각종 무기를 층층으로 쌓아놓았다면, 그날의 대축희(大軸戲)**는 「요천궁」일 것이며, 그 무기들은 모두 하늘의 조정에서 손오공을 굴복시키기 위해 사용한 것이다. 희단(戲單)*** 은 처음에는 목각 인쇄로 누런 종이에 하였기 때문에, 비용이 매우 적게 들었으나, 후에는 석각 인쇄로 분홍색 종이에 하는 것으로 바뀌었고, 활판 인쇄는 1920년대 이후의 일이었다.

옛날에 희원자는 부자와 사대부들이 소일하던 곳에 속해서 일반적인 점포보다 지위가 낮았다. 청대 가경 첫 해에, 어떤 사람이 부녀자가 희원자에 출입하는 것은 풍기를 문란하게 한다는 의견을 제기하여, 그때부터 희원자에서 여성에게 좌석을 파는 것이 금지되었다. 광서(光緒) 말년에 와서야 무능한 정부는 영국, 미국, 독일 등 침략자가 부과한 중국의 '경자(庚子) 배상'을 지불하기 위해, '자선 공연(義務戲)'을 하였고, '국민 모금(일종의 고액의 세수)'을 강요하였는데, 자선 공연을 보려면 반드시 만석이 되어야 했다. 여성 관중이 나타나면 늘 모든 가족이 따라왔고, 좌석 점유율은 당연히 높아졌다. 그래서 자선 공연 때문에 여성 금지가 풀렸으나, 남녀는 따로 앉아야 했으므로 여성은 누각 위에 있었다. 유명한

* **守舊**: 중국 전통극의 무대 장치. 전통극 연출 시 사용되는 '대장(臺帳)'과 배경으로 사용되는 '저막(底幕)'으로, 막 위에는 장식용 도안이 수놓아져 있다.

** **大軸戲**: 마지막으로 공연되는 극

*** **戲單**: 연극 안내서

좌 중화민국 시기에 촬영한 북경 정충묘(精忠廟)의 이원회(梨園會)에 있는 벽화. 이 그림으로 이원의 역사 고사를 알 수 있다. 인물 묘사가 세밀하고, 생동감 있다.

우 1918년의 북경 신명 대희원(新明大戲院)의 무대

광화루(廣和樓) 희원은 1919년에도 여전히 남녀의 좌석이 분리되었으며, 낮에는 여성의 좌석을 팔지 않았다. 1931년 이후에서야 북경의 경극 공연 장소에 남녀 동석이 시작되었다. 여성 관중이 날로 많아짐에 따라 원래 '생' 역 위주였던 경극에 '단' 역이 출연하여 생 역과 동등한 위치를 차지하게 되었다.

1| **가경**(嘉慶, 1760~1820): 청나라의 제7대 황제(1795~1820 재위). 아버지인 건륭 황제가 양위함으로써 황제에 즉위했으나 건륭 황제 사후에나 친정을 펼 수 있었다. 아버지의 치세를 이어받았으나 각지 소수 민족의 난으로 점차 국운이 기울기 시작하였다.

2| **중화민국**(中華民國, 1911~1949): 1911년 무창(武昌) 봉기로 시작된 신해혁명으로 청나라가 멸망하고 2000년 동안 이어진 전제 정치는 막을 내린다. 신해혁명이 성공한 후 1912년 1월 1일 남경(南京)에서 손문(孫文)을 임시 대총통(大總統)으로 한 아시아 최초의 민주공화국인 중화민국(中華民國)이 수립된다. 그러나 얼마 후 북부의 군벌 원세계(袁世凱)는 손문으로부터 임시 대총통의 지위를 빼앗아 북경 정부를 조직하지만 곧 병사한다. 이후 중화민국은 정권 다툼으로 계속 혼란을 겪으며 1928년 장개석(蔣介石)이 대륙을 통일, 국민당 정부를 조직하기에 이른다. 제2차 세계대전이 끝난 후 국민당과 공산당 간에 내전이 일어나고 패배한 국민당은 대만으로 망명한다. 모택동(毛澤東)의 공산당 정부는 대륙에서 1949년 10월 1일 중화인민공화국을 수립하고, 장개석의 국민당 정부는 같은 해 12월 대만에서 중화민국 정부를 수립했다. 이후 대만은 '중화민국'이라는 국호를 사용했지만 1971년 유엔에서 중화인민공화국을 정통 정부로 승인하면서, 점차 '대만'이 사실상 국호로 정착되었다.

무대와 도구

초기 경극의 무대는 극히 고전적인 의미를 지니고 있었다. 무대는 정방형이어서, 한 면은 무대 뒤(분장실)이고, 세 면은 변막(邊幕)에서 돌출되어 관중석까지 뻗어나와 있어서, 만약 희루(戱樓)라면 누각 위의 좌석 또한 세 면이 그것을 둘러싸고 있었다. 무대의 정면 전방에는 두 개의 기둥이 있고, 위에 대련이 걸려 있어서, 연기 기술 방면에 대한 좋은 말이 적혀 있다. 무대는 결코 크지 않고, 처음에는 무대 위에 겨우 목판이 깔려 있다가 나중에야 겨우 목판 위에 양탄자를 깔아 배우들이 연기하다 넘어져도 다치지 않도록 하였다.

관중의 바로 맞은편 무대 옆쪽에는 거대한 자수 휘장이 늘어뜨려져 있으며, 그 왼쪽과 오른쪽 각각의 아래쪽에는 각각 문발이 있고, 문발 위에는 '출장입상(出將入相)*'이라는 글자가 나누어져 쓰여 있으며, 등장과 퇴장에 쓰인다. 배우들이 역할 분장을 다하면 상장문(上場門)에서 위로 올라가고, 바로 공연이 시작된다. 공연이 끝나면, 배우는 하장문(下場門)을 통해 무대 아래로 내려가며, 희곡도 장을 마감하거나 다른 작품으로 전환된다. 1908년 상해에 신식 극장이 생겨서 배경을 사용했는데, 그 후에는 사람들이 무대 막을 '수구(守舊)'라고 불렀

* **出將入相**: 출정을 하면 장수가 될 만하고, 조정에 들어가면 재상이 될 만한, 업적이 뛰어난 것을 이미하며, 옛날 문무를 겸비한 중신을 가리켰는데, 봉건 사회에서 숭앙하던 개인의 이상이었다. 무대에서의 '출장입상'은 무대의 좌우 출입구를 말한다. 출장(出將)은 객석에서 보아 무대의 왼쪽 출입구이며, 입상(入相)은 오른쪽 출입구이다. 또한 하루아침에는 황제, 하루아침에는 신하로 희극이 인생을 이야기한다는 의미가 있다.

다. 이 용어는 지금까지 사용된다.

무대 위에는 통상적으로 장식용으로 놓인 자 하나와 의자 두 개가 있는데, 탁자 하나와 의자 두 개가 있다는 것은 하나의 실내 공간을 상징하며 궁전이나 서재일 수도 있고, 범인을 심문하는 법정이거나 지휘관의 장막일 수도 있으며 시끌벅적한 작은 주점일 수도 있는데, 그 외에도 환경의 필요에 따라 탁자 하나와 의자 두 개를 더욱 사실적으로 배치할 수 있다. 예를 들어 궁전이라면 황금 용이 날아가는 것이 수놓아진 탁자보와 의자 덮개로 바꾸고, 만약 고풍스러운 서재라면 책상보와 의자 덮개가 오히려 옅은 쪽빛 또는 연한 녹색에 자수의 도안은 난초 몇 송이여야 할 것이다. 만약 군대에 있는 장막이라면 색상과 도안이 웅장하고 세차야 할 것이고, 만약 술집(酒樓)과 같이 소란한 장소라면 색상과 도안은 선명하고 짙은 색으로 해야 할 것이다.

탁자와 의자의 배치 방법에도 학식이 반영된다. 예를 들어 의자가 탁자의 뒤쪽에 놓여 있으면 장중함을 나타내며, 황제가 조정에서 정

성대하지만 자질구레한 무대 배경

무를 볼 때, 또는 관원이 관청에 나가 일을 보거나, 장군이 군정을 처리할 때이다. 만약 탁자의 앞에 의자가 놓여 있다면 보통 사람의 집안 생활을 나타낸다. 갑자기 손님 한 명이 오면 의자를 새로 배치하는데, 탁자 좌우로 각각 하나씩 놓으면 손님은 왼쪽에 앉고(입상(入相)이라고 쓰여 있는 쪽, 전통 예의에 따르면 좌측이 상석), 자신은 오른쪽(출장(出將)이라고 쓰여 있는 쪽)에 앉는데, 이것은 손님에 대한 존중의 표현이다. 만약 손님이 두 명이라면 그들은 모두 왼쪽에 앉으며, 그중 신분이 높은 사람이 탁자 가까운 쪽에 앉는다. 자리에 있는 사람이 서너 명일 수도 있는데, 이 때는 의자를 더 놓는다.

명배우가 사용하는 탁자보와 의자 덮개의 색채, 도안은 통상적으로 수구(守舊)와 잘 어울리도록 해야 한다. 이것은 매란방이 사용했던 '희상미(매)초(喜上眉(梅)梢)' 도안의 탁자보와 의자 덮개이다.

탁자는 때로 침대가 되기도 하고, 높은 곳을 바라볼 수 있는 도구이기도 하며, 다리, 성루, 산이 되기도 하고, 심지어는 사람이 몰고 가는 구름이 될 수도 있다. 의자는 극중 인물이 싸울 때 쓰는 무기가 되기도 한다. 경극은 바로 이와 같이 매우 간결한 수법으로 최대한 풍부한 내용을 표현한다. 경극을 감상할 때 어떻게든 결점을 찾아내려는 태도를 버리고 각자의 상상력을 충분히 발휘하는 것이 좋다. '탁자 하나, 의자 두 개'는 이미 고도로 사의적인 경극 예술의 상징이 되었고, 이 단어가 나오면, 사람들은 바로 경극 또는 경극과 관련된 화제를 연상하게 된다.

경극에서의 인물은 자주 말을 타야 하는데, 무대에서는 표현할 방법이 없어서 사람들은 한 가지 똑똑한 도구를 발명해냈다. 즉 작은 채찍을 사용하여 상징하는 것으로, 이것 또한 고도의 사의적인 예 중의 하나이다. 공연할 때 몸집이 큰 말이 당연히 무대에 올라올 수는 없지만 배우는 말 타는 자태를 선명하고, 우아하게 표현해낼 수 있다. 채찍 하나가 배우에게 무궁무진한 표현의 자유를 주는데, 높이 펼치기도 하고, 아래도 늘어뜨릴 수도 있다. 반나절을 달렸지만 여전히 집 앞일 수도 있고, 손을 한 번 휘둘렀는데 산을 넘고 물을 건넜을 수도 있다. 채찍 그 자체는 장식적인 아름다움이 있는데, 여러 인물이 채찍을 사용할 때 각자 관습적으로 약속된 방법을 만들어냈다.

채찍은 실재적인 도구이며, 느낄 수 있고 사용할 수 있는 것이다. 경극에는 허구적인 도구도 있는데, 이것 역시 느낄 수 있고 사용할 수 있다. 예를 들어 「습옥촉(拾玉鐲)」[1]에서 낭자의 신발 밑창을 박는 장면 중에 신발 밑창은 실물이지만, 바늘은 가짜이다. 그러나 배우의 손에서 '없는 것(無)'이 '있는 것(有)'보다 훨씬 낫다. 다른 예를 들면 연회에서의 술 주전자와 술잔도 그렇다. 주인이 "주연을 베풀어라."라고 분부하자마자 종은 바로 술 주전자와 술잔을 무대 위에 올린다. 주인과 손님은 잔을 들어 술을 마신다. 한 잔 또 한 잔, 진짜 술, 밥, 요리는 볼 수 없고 또한 진짜로 씹고 음미할 수 없지만 곧 '배가 불러진다'. 경극에서는 보통 잔, 그릇 등의 기물을 무대에 올리지 않지만, 일단 실물을 사용하면 배우는 그것을 이용하여 작품을 더욱 잘 표현한다. 예를 들어 「금옥노(金玉奴)」[2]에서 소생 역의 배우가 밥그릇을 들고 콩국을 다 마시고는 입으로 젓가락을 핥는다.

경극 공연 중에 사용되는 크고 작은 도구와 간단한 배경(砌末)*, 촛대, 등, 노, 서신, 지필묵, 포성(布城), 정자(亭子) 등은 무대 미술가가 옮기기 편해야 하며, 희극의 효과만을 중요하게 생각할 뿐 희극 외적인 실제적인 용도는 중시하지 않는다. 그렇기 때문에 실제 재료일 필요가 없다. 몇백 종의 병기(把子)**와 일부 깃발 지팡이 등은 형상은 실물과 비슷하지만 역시 모두 표현적인 도구일 뿐이다. 모든 도구는 '검장(檢場)***'에 의해 관리된다.

경극은 장(場)으로 분리되는데, 배우의 등장과 퇴장, 그들의 연기는 장(場) 위의 공간과 시간을 규정한다. 이 점은 서양 희극의 연기에서 시간과 공간의 전환을 표현하는 무대 수단과는 다른 것이다. 전통적

* **砌末**: 중국 전통극에서 무대 위의 간단한 배경 및 특별히 제작된 소품

** **把子**: 중국 전통극에서 쓰이는 무기의 총칭이나 싸우는 동작을 가리킨다.

*** **檢場**: 전문적으로 무대 장치를 위해 일하는 사람

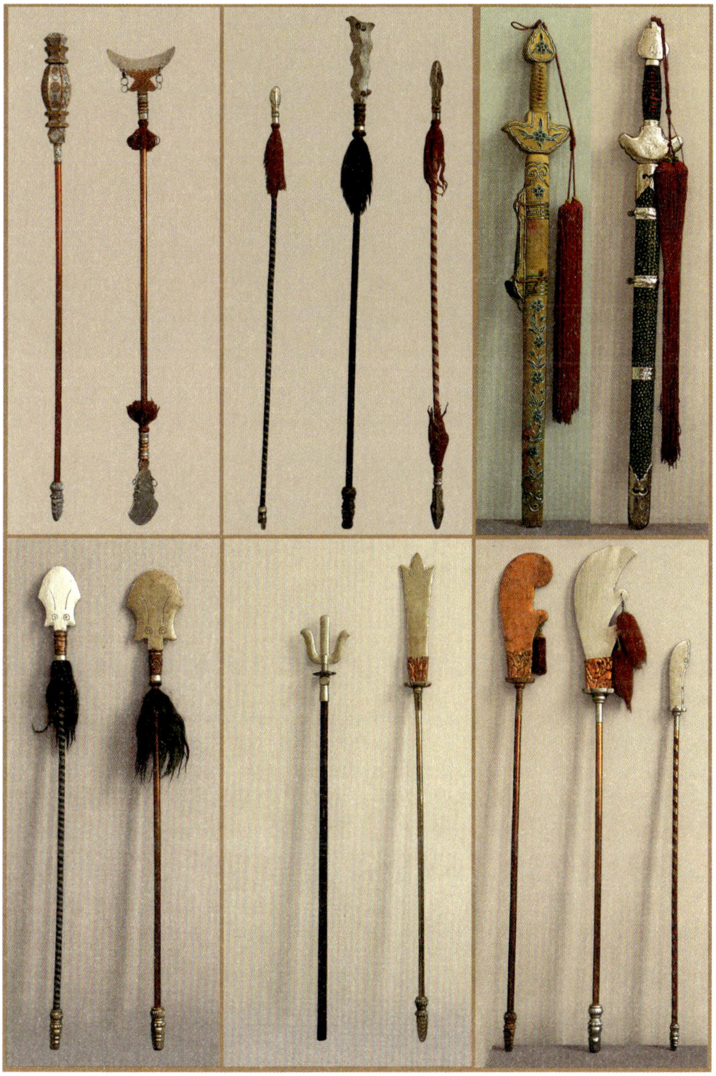

인 경극 무대에서는 '장'을 바꿀 때 검장이 수시로 무대에 올라가 무대의 장치를 바꾼다. 그들은 모두 남성이며, 긴 마고자를 입고 무표정한 얼굴로 한 장이 끝난 후에 묵묵히 무대로 올라가 원래 탁자와 의자가 놓여 있던 위치를 조정하는데, 이것은 시간, 장소가 바뀌었다는 것을 나타내며, 다시 묵묵히 무대를 내려온다. 어떤 때는 그들이 약간의 무대 효과를 내기도 하는데, 예를 들어 연기를 피우는 장면을 위

경극 무대에서 사용되는 병기는 100여 종이 되는데, 작품의 내용에 따라 배치가 달라진다. 사진 중의 칼, 창 모두 비교적 자주 사용되는 것이다(촬영 오공생(吳贛生)).

1927년 매란방이 완벽한 실물 배경이 있는 무대에서 경극을 공연했는데, 당시에는 참신한 것이었다.

해서 검장이 무대 위의 한 자리에서 손에 종이 등을 들고 그 자리에서 불을 붙여 배우 쪽을 향해 던지면, 배우가 곧 그 틈을 타 눈을 깜박거리는 동작을 하는데, 마치 서커스의 묘기와 같다.

경극의 전통적인 무대 배치는 그 유래가 오래되어 이미 경극 예술의 규격화된 특징의 일부분이 되었다. 경극 특유의 연기 형식이 있는데, 예를 들어 배우가 손으로 공중에서 밀고 당길 때는 문, 창문 등을 여닫는 것이다. 경극을 거의 보지 않았던 사람들이 보면 아마도 궁금증이 생길 것이다. 경극 감상에서 직면하는 문제는 늘 중국의 역사, 풍속, 문화, 사회 등의 지식과 관련이 있다는 것인데, 천천히 이해함으로써 그 안에 있는 묘미를 느낄 수 있어야 한다.

오늘날 경극 공연의 무대에서 보통 가장 바깥쪽은 벨벳의 큰 막으로 되어 있고, 이 막이 열리면 경극이 시작된다. 만약 서양의 희극이라면 대막(大幕)이 열릴 때마다 한 막이 시작된다. 한 막이 끝나고 나면 대막을 서서히 닫거나 무대 전체가 어두워진다. 경극은 '막'으로 나누지 않고 '장'으로 나누기 때문에 그중 두 막이 닫힐 때마다 한 '장'이 끝난다. 이러한 소위 '두 개의 막(二道幕)'은 현대 희극 개혁의 결과이다. 1950년대 초 경극 공연에서 검장이 없어졌는데, 목적은 무대를 정화하자는 것이었다. 장과 장의 간격을 해결하기 위해서 두 개의 막이 생겨난 것이다. 대막은 무겁기 때문에 한 장이 시작할 때 열면 닫지 않는다. 경극은 적어도 10여 장으로 되어 있고, 많은 것은 20~30장이 되기 때문에 공단으로 만들어진 두 개의 막이 열리고 닫힐 때마다 하늘거리는 것이 경극의 운치를 더해준다.

1| 「**습옥촉**(拾玉鐲)」: 한 쌍의 서로 사랑하는 청춘 남녀가 옥팔찌를 통해 사랑을 전하는 이야기이다.

2| 「**금옥노**(金玉奴)」: 가난한 서생이 관리가 된 후 출신이 비천한 부인을 버리고, 부인을 해하고자 하였으나 후에 부부가 다시 화해한다는 이야기이다.

경극의 배역

몇백 년 동안의 계승과 발전을 통해 경극 무대의 각색은 성별과 성격에 따라 네 가지 기본 유형으로 나뉘는데, 보통 4대 배역(行當), 즉 '생(生), 단(旦), 정(淨), 축(丑)'이라고 한다. 각 배역은 다시 세분되는데, 각각 연기 방식, 분장, 복식에 따라 각자의 규범이 있으며, 또 각 배역이 극 중에서 맡아야 하는 역할이 따로 있다.

'생'은 성인 남자의 역할로, 연령과 기질에 따라 노생(老生), 무생(武生), 소생(小生) 등으로 나뉜다. 노생은 경극에서 가장 많이 등장하는 남자 주인공이기 때문에 이 배역의 유파가 많을 뿐 아니라 경극 발전의 각 시기마다 배출된 명배우 역시 가장 많다. 경극의 창시자로 정장경(程長庚)과 유명한 경극의 대가인 담흠배(譚鑫培)도 모두 노생 배우였다. 노생 역은 연령이 중노년 이상인 남자 역할이다. 볼에 수염이 있고, 노래, 대사를 할 때, 모두 본상(本嗓)*을 이용하고, 일반적으로 문(文), 무(武) 두 종류로 나뉜다. 또한 연기에서 치중하는 것에 따라 창공노생(唱功老生)**, 주공노생(做功老生)***, 무노생(武老生)****이 있다.

무생 역은 무예가 뛰어난 청년 남성이 연기하는데, 동작 표현을 위주로 한다. 탁월하여 일가를 이룬 사람으로는 무희문창(武戲文唱)*****을

* 本嗓: '진상(眞嗓)'이라고도 부르며, 노래할 때 숨이 하복부로부터 흘러 나와 목구멍의 공명을 통해 직접 소리가 나오는 것

** 唱功老生: 노래를 위주로 한다.

*** 做功老生: 동작 연기를 위주로 한다.

**** 武老生: 갑옷을 입고, 목 뒤에는 깃발을 끼우거나, 간편한 목장을 입고, 무공이 장기이다.

***** 武戲文唱: '무생'의 연기는 무예를 중심으로 하지만 노래에 있어서 극의 내용과 인물의 묘사가 잘 결합되어야 한다는 것

개척한 '무생의 태두(武生泰斗)'인 양소루(楊小樓), 남파(南派) 무생인 개규천(蓋叫天) 및 이만춘(李萬春), 이소춘(李少春) 등이 있다. 무생은 분장에 따라 크게 두 종류로 나누는데, 첫 번째는 장고무생(長靠武生)*으로, 몸에는 갑옷을 입고, 목 뒤에는 깃발을 꽂고, 머리에는 투구를 썼으며, 발에는 바닥이 두터운 장화를 신었다. 일반적으로 손에는 긴 무기를 들고, 무공이 좋아야 할 뿐 아니라 대장군의 풍채가 있어야 하는데, 연기 동작과 표정에 우아함, 중후함, 단정함이 묻어나야 하고 섬세한 연기 표현 및 노래, 대사의 능력도 갖추어야 한다. 두 번째는 단타무생(短打武生)**인데, 짧은 옷을 입고, 짧은 병기를 사용하며, 몸에 힘이 있고 민첩해야 하며, 동작이 깔끔하고 시원스러워야 한다. 무술 연기는 아름다움과 동시에 절도도 있어야 한다.

소생 역시 청년 남자의 역할인데, 수염을 달지 않고, 갑옷을 입지 않으며, 보통 잘생기고 훤칠하게 분장한다. 소생은 역할에 따라 '사모생(紗帽生)***', '선자소생(扇子小生)****', '치미생(雉尾生)*****', '궁생(窮生)******' 등으로 나뉘는데, 이러한 역할은 대부분 문인이며 분장을 통해 어떤 인물은 온화하고 의젓한 가운데 학문과 심성의 깊이가 드러나고, 어떤 인물은 풍류가 있고 소탈하며, 어떤 이는 영웅의 건장함과 기세가 등등함을 드러내기 때문에, 거칠거나 몰상식할 수 없고 어린애 티도 낼 수 없다.

경극의 장르적 특성 때문에, 소생 역은 오랫동안 두 번째 지위를 차지하여, 작품, 연기, 인재 등 각 방면에서 노생, '단'처럼 다양하고 풍부하지 않았다. 따라서 경극 역사상 유명한 소생은 몇 명이 되지 않으며, 비교적 이른 시기에는 정계선(程繼先)[1], 강묘향(姜妙香)[2], 김중인(金仲仁)[3]이, 늦은 시기에는 유진비(兪振飛)[4], 섭성란(葉盛蘭)[5]이 있었다. 그러나 소생 배역 중 자신의 극단을 구성하여 주연을 한 경우는 지금까지 섭성란 한 사람뿐이다. 이러한 상황은 서양의 오페라 중 청년 남자 주인공이 매우 중요하고 그들 중에서 대가가 배출되는 것

* **長靠武生**: 중국 전통극에서 바닥이 두터운 장화를 신고 긴 병기를 들고 연기하는 남자 무사 역

** **短打武生**: 중국 전통극에서 간편한 옷을 입고 짧은 병기를 쓰는 남자 무사 역

*** **紗帽生**: 대부분 조정의 관리

**** **扇子小生**: 부채를 사용하는 서생

***** **雉尾生**: 학식이 있고 지도력을 갖춘 인재

****** **窮生**: 아직 공명을 얻지 못한 공부하는 서생

과는 확연히 다르다. 소생 연기에서 가장 큰 특징은 노래, 대사 모두에서 진성과 가성을 함께 사용한다는 것인데, 가성은 비교적 날카롭고 가늘며 높아서 젊게 들리고, 이러한 음성으로부터 노생과 구별된다. 그러나 소생이 사용하는 가성은 여성 역할을 하는 단이 사용하는 가성과는 다르다. 소생의 창법은 비록 가성을 사용하기는 하지만, 비교적 강하고(剛) 굳세며(勁) 풍부하고(寬) 우렁차야 하며(亮), 목소리가 낭랑하지만 부드럽지 않고, 굳세고 힘이 있지만 거칠지 않다. 이러한 창법과 대사법을 정도에 맞게 마스터하는 것은 결코 쉬운 일이 아니기 때문에 경극의 소생은 역대로 인재가 비교적 적은 배역이다. 그중에서도 섭성란은 선천적으로 탁월하여, 사람들이 흠모할 만큼 목청이 좋았는데, 그는 곤곡(崑曲), 경극 양쪽에 모두 조예가 깊어서 연기할 수 있는 작품도 많았다. 뿐만 아니라 그의 세밀하고 깊은 기예는 소생 연기 예술을 더욱 완벽하게 하였다. 그는 각 유파의 창강(唱腔), 창법의 정수를 다방면으로 흡수하였고, 연기할 때 무소생(武小生)과 문소생(文小生)의 차이를 부각시키는 데 매우 주의를 기울였다. 그의 창강은 화려하고 힘차고, 호쾌함이 충만했으며 편안했다. 무술 실력의 기초도 튼튼했기 때문에, 동작의 폭이 큰 춤과 무술 동작 역시 여유 있게 잘 해낼 수 있었다.

경극의 긴 역사 안에서 전기는 줄곧 노생 배역이 우위를 차지했기 때문에 유명한 배우의 대부분은 정장경, 담흠배 같은 노생 배우였다. '단' 역할도 있었지만 비교적 적었고 정장경, 담흠배와 함께 무대 위에서 아름다움을 겨룰 만한 단 역의 배우는 더욱 적었다. 경극에서 노생은 일반적으로 남성 세계에서 성숙하고 신중하고 지위가 있는 인물이어서, 노생 역을 하는 인물은 경극 공연에서 사람들의 존경을 받았다. 그 외에 봉건 사회 말기에 생긴 경극은 일찍이 교화의 목적을 높이기 위한 것이었기 때문에, 노생이 연기한 충신과 장군은 예로부터 각 시대를 이끌어가는 지주였고, 그들의 정신적인 품격은 중국 고대 사회의 주된 가치관을 대변하였다. 이로 인해 사방에 위기가 도사리고 있던 당시의 혼란스러운 사회에 적지 않은 응집력을 가져왔다. 20세기 초에 이르러 중국에서 신문화 운동이 일어나면서 서양 사상의 영향을 광범위하게 받아들였고, 이로 인해 세풍이 크게 변했으며, 문화 정신 또한 그에 따라 변화하였다. 극 중 인물도 그러한 영향으로 훨씬 부드럽고 섬세해졌는데, 관중들은 이에 대해서도 흥미를 느끼기 시작했다. 1920년대에 이르러서는 남녀평등 사상이 날로 유행해감에 따라, 매란방을 대표로 하는 단 역이 두각을 나타내기 시작하였고, 후에는 우위를 차지하였다. 이로부터 경극에서 여성 인물 역시 남성 인물과 대등한 지위로 올라가기 시작하여, 도덕을 중시하는 것으로부터 아름다움을 중시하는 것으로 중대한 변화가 생겨났다. 또한 몇 년간의 상황으로 볼 때 단 역의 배우들은 갈수록 많아졌고, 생 역은 점점 줄어들었다.

'단'은 여성 역할의 통칭으로, 청의(青衣), 화단(花旦), 무단(武旦), 화삼(花衫), 노단(老旦), 채단(彩旦) 등을 포함한다. 청의는 '정단(正旦)'이라고도 하며, 전통적인 관점에서 단 역에서 가장 중요한 위치를 차지하고 있어서 거의 모든 단 배역의 명배우의 특기는 청의희(青衣戲)였다. 과거의 사회에서 여성의 행동은 자유롭지 못했고 봉건 예법에 의해 여성은 눈을 치켜뜨지도, 웃을 때 이를 보이지도 못하게 하였으며, 심지어는 소매 밖으로 손가락이 나와도 안 되고, 걸을 때도 빨리 걸을 수 없었다. 안정적이고 침착해야 해서 희곡 무대에서 표현하는 단정한 여성은 앉아도, 서도, 걸어도 모두 한 손은 가슴과 배 사이에 올리고 있고, 한 손은 몸 옆에 늘어뜨려야 했으며 끝까지 태연자약함을 유지해야 했는데, 이것이 바로 사람들이 늘 보았던 청의의 이미지였다. 즉 단정하고 엄숙하며 학식과 교양에 예의까지 바른, 현모양처일 수도 있고 구 사회의 정절을 지키는 열녀와 같은 인물일 수도 있었는데, 연령은 청년에서 중년까지이다. 연기의 특징은 창공(唱功)을 위주로

유명한 여성 노생 맹소동(孟小冬)[6]. 1920년대 그 명성을 떨쳤으며 여성 배우가 경극 무대에서 마땅히 받아야 할 지위를 얻어냈다.

하며 동작의 폭이 비교적 작고, 행동은 비교적 안정적이며, 대사 역시 운백(韻白)*이며, 보통 경백(京白)**으로는 하지 않았다. 그 외에 청의 역의 인물은 대부분 운명이 별로 좋지 않아서, 어떤 사람은 버림받고 어떤 이는 생활이 매우 고생스러웠는데 이러한 역할은 무대 의상에서부터 매우 소박하게 표현되었다.

화단의 성격, 기질은 청의와는 매우 큰 차이가 있어서, 보통 대가집 규수의 시중을 드는 계집종이거나 소농가의 시집 안 간 딸 또는 아름답고 발랄한 젊은 부인 등이다. 모두 활발하고 명랑하며 동작 또한 민첩하고 영리하다. 짧은 마고자, 바지 또는 짧은 저고리, 짧은 치마와 같은 짧은 의상을 입으며, 긴 의상을 입더라도 색상이 선명한 문양이 수놓아져 있는 것을 입는다. 연기로 볼 때 동작과 대사 위주이며, 대사는 경백이 비교적 많고 운백은 아주 조금 있다. 순혜생(荀慧生)[7]이 연기했던 홍낭(紅娘)이 전형적인 화단이다.

청말 전 단 역의 배우들 중에서도 청의를 연기하는 사람은 화단을 연기하지 않았고, 화단을 연기하는 사람은 청의를 연기하지 않아 배역 간에 영역이 분명했으며, 단순한 창공희(唱功戲)나 주공희(做功戲)를 연기했다. 시대의 진화와 사회의 발전에 따라 사회생활은 점점 풍부해지고 인물의 성격과 행동 또한 갈수록 복잡해져서 무대에서의 연기 형식도 다양한 것을 요구하였고, 여주인공에 대한 요구 역시 점점 높아졌다. 그래서 뛰어난 단 역의 명배우인 왕요경(王瑤卿)[8]의 노력 하에 1920년대 이후 종합적인 단 역인 화삼(花衫)이 등장하게 된다. 청의의 차분하고 단정한 풍격과 화단의 활발하고 영리한 연기, 무단(武旦)의 무술 몸짓 등 다른 표현 기술이 하나로 융합되어 정단(正旦)의 연기 범주를 확장시키고, 연기 수단을 풍부하게 하였다. 이로

* **韻白**: 경극에서 전통적인 독법으로 읽는 대사(道白), 희곡 중에서 가지런하게 압운한 도백

** **京白**: 경극의 북경어 대사

인해 노래, 대사, 동작, 무술 각 방면에서 관중들의 요구를 만족시킬 수 있었다. '4대 명단(名旦)'인 매란방(梅蘭芳), 상소운(尙小雲)[9], 정연추(程硯秋)[10], 순혜생(荀慧生)이 무대에서 활약한 이후 단 배역의 연기 예술은 앞을 향하여 대대적으로 약진하였고, 단 배역의 주연 작품 또한 그에 따라 많아지기 시작했다. 잠정적인 통계에 따르면 이 네 명의 명배우가 새로 만들어낸 작품만 해도 그 수가 모두 200출(出)* 가까이 된다. 단 역에서 가장 전도가 유망한 배역은 화삼이라고 말할 수 있는데, 이는 관중들이 이러한 '모든 것이 갖추어져 있는 희극'을 보고 싶어하기 때문이다.

무단(武旦)은 정통 무예를 연기하는 여성 역할이며, 이 또한 크게 두 부류로 나뉜다. 첫 번째는 '단타무단(短打武旦)'으로, 짧은 의상을 입으며 말을 타는 상황은 많지 않지만, 무공과 대사를 중시하며, 어떤 이는 넘어지고 뛰어드는 것이 장점이기 때문에 노래(唱功)와 연기는 다소 떨어진다. 단타무단이 등장하는 연극은 매우 많다. 그 외에 '장고무단(長靠武旦)'도 있는데, 몸에는 갑옷을 입고, 머리엔 투구를 쓰며, 보통 말을 타고 길이가 비교적 긴 칼(刀)를 들고 있어서 도마단(刀馬旦)이라고도 부른다. 도마단은 훌륭한 무공을 지니고 있으면서 또한 동작(做功)에도 능하고 어떤 때는 대사나 몸짓(工架)** 또한 중요하다. 배우의 분장이 수려하고 연기 또한 아주 볼 만해서 비교적 환영을 받는 배역이다. 재미있는 것은 무단이라는 배역이 그려내는 것이 모두 고대의 여성 영웅, 여장군, 여협객류의 인물인데, 이런 배역이 있는 작품은 중국인들에게는 익숙하지만, 외국인들에게는 비교적 신선한 것이다. 여장군, 여협객의 이미지란 다

* 出: 전기(傳奇) 중의 일 회. 연극, 오페라, 영화 따위의 일 막

** 工架: 연극 배우의 몸짓과 자세

매란방이 연기한 「귀비취주(貴妃醉酒)」의 양귀비(楊貴妃)는 전형적인 '화삼(花衫)'으로, 노래와 동작이 모두 아름답고, 고귀하며 전아하다.

른 나라에서는 거의 볼 수 없는 일이고, 중국의 봉건 사회에서 여성은 말할 수 없이 무거운 압박을 받았기 때문에, 저렇게 용감하고 두려움이 없으며 활달하고 사랑스러운 무대에서의 그들의 이미지에 사람들은 놀란다. 그 외에 점잖은 노부인 역할의 연기를 하는 것을 노단(老旦)이라고 하는데, 연기의 특징은 노래, 대사를 모두 본상(本嗓)으로 한다는 것이다. 노생(老生) 역과 겸해서 하다가, 19세기 말, 20세기 초에 생긴 배역으로, 20세기 노단 역의 집대성자는 '노단의 창시자'의 칭호를 갖고 있는 이다규(李多奎)[11]이다.

관중들이 늘 보아왔던 검보 중에서 화검(花臉)의 것이 특이한데, 이

두 명의 단 역의 배우. 사진 오른쪽 계집종은 당시의 유명한 단 역 배우 유숙방(劉淑芳)으로 활발하고 영리하다(촬영 왕가신(王可信)).

섭성란(葉盛蘭)의 무공은 기초가 튼실해서 동작의 폭이 큰 춤과 무술을 모두 소화해냈다. 이것은 그가 「목가채(穆柯寨)」에서 양종보(楊宗保, 치미생(雉尾生) 역)와 단 역의 명배우 두근방(杜近芳, 목계영(穆桂英) 역)이 함께 공연한 것이다. 사진에서 남녀 인물은 모두 경고(硬靠)를 입고 어깨에 고기(靠旗)를 꽂았으며(네 면으로 만들어짐), 머리에는 깃털을 꽂은 장수의 투구(揷翎帥盔)를 써, 전신무장하였다(1955).

역할을 '정(淨)'이라고 한다. 그들은 모두 남성이며, 성격이 거칠고 호방하며, 큰 소리로 말하는 것을 좋아하고 움직이든 안 움직이든 소리를 지르며 급하면 권법도 한다. 정 역은 동추화검(銅錘花臉), 가자화검(架子花臉), 무화검(武花臉)으로 나뉜다. 「이진궁(二進宮)」이라는 작품에 '서언소(徐彦昭)'라는 화검이 등장하는데, 그의 창공희(唱工戲)는 너무 심각해서 기본적으로 별 동작 없이 손에 동추(銅錘)*를 들고 있었는데, 이것이 전형적인 창공화검(唱工花臉)으로 인식되어, 동추를 '창공화검'의 대명사로 여기게 되었다. 경극 작품 중에는 포공희(包公戲)도 많은데, 모두 창공이 뛰어나며, 극 중의 포증(包拯)이라는 청관은 법규를 정비하고 사적인 이익을 도모하기 위해 법을 어기지 않았다는 이야기를 하고 있다. 이러한 작품 중에서 포공(包公)은 검정 얼굴 분장을 하고 있기 때문에, 검정색 검보가 경극에서는 '흑두(黑頭)'라고도 불렸으며, 흑두는 창공화검의 다른 명칭이 되었다. 가자화검(架子花臉)은 연기 범위가 특히 넓어서 이 배역의 배우는 심후한 무공의 기초는 물론이고 연기, 대사, 노래도 잘해야 했으며 아울러 아름다운 몸

* 銅錘: 병기의 일종

이 '대화검'의 사진은 정 역을 분장한 것이다. 분장한 모습으로 보아 문무를 다 겸비하고 과감하고 의협심이 있으며 용맹하고 진중한 역할이다(촬영 왕가신).

짓도 갖추어야 해서 우수한 가자화검은 사실상 모든 것을 갖추고 있는 화검이었다. 시대의 발전에 따라 순수하게 창공을 중시하는 작품은 점점 줄어들었는데, 연기가 단조로워 보였기 때문이다. 그래서 자연스럽게 가자화검이 정 역의 주요 발전 방향이 되었고, 공연되는 작품 역시 상당히 많았다. 20세기 전후에 김소산(金少山)[12], 학수신(郝壽臣)[13], 후희서(侯喜瑞)[14], 구성융(裘盛戎)[15], 원세해(袁世海)[16] 등 영향력 있는 경극의 정 역의 배우들이 나타났다. 무화검(武花臉)은 무예만 중시하고 노래, 대사는 중시하지 않았는데, 경극의 발전 과정에서 일부 작품들은 후에 무생과 가자화검이 겸해서 연기를 했기 때문에, 무화검 역 배우와 그가 주연인 작품이 점점 줄어들었다.

'축' 역은 비록 경극에서 네 번째의 위치로서 주인공을 부각시키는 작용을 하지만, 중국 희곡 발전사상 다른 배역에 비해 일찍부터 '축이 없으면 희곡이 되지 않는다'는 속어가 전해질 정도로 중요한 배역이다. 어떤 사람은 축 역이 악인만을 연기한다고 생각하는데, 사실 그렇지 않다. 축 역 중에는 음험하고 교활하며 탐욕스러운 역할도 있지만, 날쌔고 영리하며 유머 있고 심지어 정직하고 선량한 역할인 경우가 훨씬 많다. 전통극에서 보통 사회적 지위가 높지 않은 사람이 대부분 축으로 연기했다. 그러나 성격상으로 말하면 이러한 사람들은 대부분이 익살스럽고 활발하며 비교적 낙천적이다. 축 역이 만들어내는 인물은 생, 단, 정보다 많고, 위로는 왕후장상으로부터 아래는 평민, 백성, 절름발이, 장님, 벙어리, 남녀노소, 착한 사람, 악한 사람, 충신, 간신에 이르기까지 모두 연기할 수 있다. 연기의 수법도 풍부하고 활발하며 언어가 재미있고, 그 골계와 조소는 극 중에서 화룡점정(畵龍點睛)의 묘미를 지니고 있어서 관중들의 사랑을 많이 받았다. 축 역 또한 문축(文丑)과 무축(武丑)으로 분류한다. 축 역은 비록 생 역처럼 왕성하지는 않지만, 연기에 대한 요구가 아주 높아서 수많은 명배우들이 나왔다. 그중에서 소장화(蕭長華)[17]의 공연이 사람들의 사랑을 가장 많이 받았다. 그 외에 채단(彩旦)이 있는데, 골계첨조(滑稽尖刁)의 역할로, 본래 단 역의 범주에 있었지만, 실제로는 축 역에서 나타난 것이다. 과거 이 배역은 대부분 남자 배우들이 연기했으나, 현재는 많은 여자 배우들도 연기하고 있는데, 다만 여자 배우들이 채단을 연기하는 것은 본상(本嗓)으로 노래, 대사를 하고 일반적으로 단 역이 하듯 가상(假嗓)*을 하지 않는다.

그러나 작품마다 이렇게 많은 배역이 등장하는 것은 아니다. 전통적인 경극 공연의 형식은 배역 구분으로 대표되는 작품을 형성하였다. 따

* **假嗓**: 행강(行腔)을 할 때 배우가 목소리를 작게 하고, 진상(眞嗓)보다 높은 음조를 내는 것

여성 '축' 역은 일반적으로 남자 배우가 맡는다. 작품은 비록 많지 않지만 분장이 웃기기도 하고 귀엽기도 하다. 이 그림은 장금량(張金梁)이 그린 '축' 할머니의 형상이다.

라서 모든 극에서 배역의 비중이 똑같지 않으며, 노생희의 대표적인 작품에서는 노생이, 청의희의 대표적인 작품에서 청의 단이 주인공인 셈이다.

배우의 배역은 경극이 생겨나기 전의 일부 희극 장르 중에서 더욱 자세하게 분화되었다. 경극의 배역은 그 전신인 휘조(徽調), 한희(漢戲), 곤곡(崑曲) 등 희극 장르와 직접적인 영향 및 계승 관계가 있으며, 각 배역은 모두 상당히 풍부하고 완비된 규격을 가진 동작 및 특기인 기예와 표현 수단을 갖추고 있었다. 경극을 배우는 아이들은 과반(科班)*에 들어가면, 먼저 각 배역에 통용되는 기본기를 배워야 하며, 후에는 다시 배역을 나누어 생, 단, 정, 축 중 한 배역을 전문적으로 학습한다. 보통은 단정한 이미지를 가진 학생은 노생, 이미지가 수려한 사람은 단, 목소리가 거친 사람은 화검, 골계를 줄 것 같은 사람은 축 등의 배역을 일정 시간 동안 배운 후, 본래 배역 중 자신에게 가장 적합한 방향으로 깊이 연구하고 발전시킨다. 노생 역을 수련하는 것을 예로 들면, 만약 어떤 배우가 연기는 잘하지만 목소리(嗓音)가 좀 떨어진다면, 그는 반드시 노생희를 연마하여 자신의 주요한 연기 장르로 삼아야 한다. 만약 노래와 동작은 잘하지만 무공의 기초가 비교적 떨어지거나 혹은 몸이 약하다면, 그는 보통 장점을 키우고 단점을 피하여 무공이 많이 나오는 무노생희(武老生戲)는 피해야 할 것이다. 만약 어떤 배우가 배운 역할과 자신의 외형, 기질 또는 목소리에서 차이가 너무 많이 나는 것을 발견하면 다른 배역으로 바꿀 수 있다. 그들은 자기의 배역을 연기하기 위하여 노력하기 때문에, 그 배역의 특징이 날이 갈수록 자신의 정서뿐만 아니라 체격에까지 영향을 끼친다. 세심한 사람은 잠시만 봐도 발견할 수 있는데, 다 자란 후에 남자 배우의 얼굴이 약간 말랐으면 노생일 가능성이 높고, 얼굴

* **科班**: 옛날 중국 전통극 배우 양성소

넓이가 딱 맞으면 소생, 얼굴 넓이가 넓으면 화검일 것이다. 배역은 배우의 성별이 아닌 재주와 특기로 구분하는 전통 때문에 경극의 역사에서 남자 단이라는 특수한 연기 집단이 있을 뿐 아니라, 관중들의 인정을 받은 여자 노생, 여자 화검도 있는데 이러한 점에서 경극이 찬사를 받는 것 같다.

배역의 구분은 상대적인 것으로 단지 하나의 큰 연기 분류를 규정한 것이므로 고정불변의 것이 아니다. 사회가 발전되어 가는 추세로 보아 앞으로 경극 배우가 되기 위해서는 문무를 모두 갖추어야 한다. 노래만 또는 무예만 할 수 있다면 오랫동안 환영받는 연기자가 되기는 어려울 것이다.

한눈에 두 명의 '축' 역임을 알 수 있는데, 그들은 흰 분으로 코, 눈, 눈썹에 하나의 두부괴(豆腐塊)를 그렸고, 입에는 검정 점을 찍어서 보기만 해도 골계가 있어 웃음이 난다.

1| **정계선**(程繼先, 1874~1944): 전기 소생(小生) 역의 대표적 배우. 경극의 창시자 중 한 명인 정장경(程長庚)의 손자이다.

2| **강묘향**(姜妙香, 1890~1972): 전기 소생 역의 대표적 배우. 소생 역할의 새로운 유파(강파(姜派))의 창시자이다.

3| **김중인**(金仲仁, 1886~1950): 전기 소생 역의 대표적 배우. 처음에는 아마추어 배우로 시작하였으나, 후에 정식으로 입문하여 소생 배우로 이름을 날리게 되었다.

4| **유진비**(兪振飛, 1902~1993): 후기 소생 역의 대표적 배우. 곤곡 연기에도 조예가 깊어서, 200여 절(折)의 곤곡희를 부를 수 있었으며, 30세 이후에는 주로 경극의 소생 전문이었다.

5| **섭성란**(葉盛蘭, 1914~1978): 후기 소생 역의 대표적 배우. 경극에서 인물 비중이 소생으로 옮겨가는 선례를 연 배우로, 소생 배우 중에서 유일하게 자신의 극단을 구성한 것으로도 유명하다.

6| **맹소동**(孟小冬, 1907~1977): 상해 출신의 여성 노생(老生) 배우. 12세 때부터 정식 공연을 할 정도로 연기가 매우 뛰어났다. 1927년 매란방과 결혼하였으나 1933년 이혼하였고, 말년에는 대만으로 이주하여 여생을 보냈다.

7| **순혜생**(荀慧生, 1900~1968): 4대 명단(名旦) 중 한 명으로, 순파(荀派)의 창시자이다.

8| **왕요경**(王瑤卿, 1881~1954): 유명한 단(旦) 역 배우로 '청의'의 차분하고 단정한 풍격과 '화단'의 활발하고 영리한 연기, '무단(武旦)'의 무술 몸짓 등 다른 표현 기술이 하나로 융합시킨 종합적인 단 역인 '화삼(花衫)' 역을 만드는 데 결정적인 역할을 한 배우이다.

9| **상소운**(尙小雲, 1899~1976): 4대 명단 중 한 명으로 상파(尙派)의 창시자이다.

10| **정연추**(程硯秋, 1904~1958): 4대 명단 중 한 명으로 정파(程派)의 창시자이다.

11| **이다규**(李多奎, 1898~1974): 노단(老旦) 역의 창시자이자 집대성자이다.

12| **김소산**(金少山, 1890~1948): 유명한 정(淨; 화검(花臉)이라고도 함) 배우로 매란방과 함께 공연한 「패왕별희」로 일약 유명해져, '김패왕(金霸王)'이라는 호칭을 얻었다.

13| **학수신**(郝壽臣, 1886~1961): 정 역할의 유명한 배우로 김소산, 후희서(侯喜瑞)와 함께 '화검삼걸(花臉三傑)'로 불린다.

14| **후희서**(侯喜瑞, 1892~1983): 정 역할의 배우. 회족(回族) 출신이나, 어린 시절 희련성(喜連成) 과반에 들어가, 8대 제자 중 하나로 이름을 날렸다. 만년에 중국 희곡 학원, 북경시 희곡 학교에서 교편을 잡았다.

15| **구성융**(裘盛戎, 1915~1971): 중국 경극 역사상 가장 뛰어난 화검 역할의 배우. 정 역할의 독립된 첫 번째 유파인 구파(裘派)의 창시자이다.

16| **원세해**(袁世海, 1916~2002): 화검 역 중에서도 가자화검(架子花臉)에 뛰어났던 배우로, 「군영회(群英會)」에서 골육계를 펼친 오나라의 노장 황개(黃蓋) 역할을 한 것이 특히 유명하다.

17| **소장화**(蕭長華, 1878~1967): 축(丑) 역의 거장. 희(부)련성사(喜(富)連成社)에서 36년 동안 지도 감독을 맡아 후진을 양성하는 데도 큰 공헌을 하였다.

대표적인 작품들

중국의 희곡은 초기에는 노래와 춤이 함께 했었고, 점차적으로 소위 '가무소희(歌舞小戲)'를 형성하여 긴 시간을 이어 내려왔다. 이러한 희극은 대부분 백성들의 일상생활을 반영하고 있기 때문에 스토리에 그리 심각한 갈등도 없고, 또한 너무 격렬한 동작도 없는 노래(唱功) 위주였으며, 기본적으로 '문희(文戲)'에 속한다. 무희는 무술 동작을 위주로 하는 것으로 중국 전통 무술 중에서 일부 규격화된 동작을 받아들여서 무술과 무용을 하나로 융합시킨 것이다. 무희의 탄생과 경극은 북경이라는 전국의 정치 중심에 발을 딛고 아울러 궁정 취향의 영향을 직접적으로 받은 것과 관련이 있다. 거기에 중국 근대 사회의 동요와 불안, 몇 차례의 전쟁, 정치와 관련된 광대한 배경이 경극 공연의 소재로 들어오게 되어 무희가 유행하기 시작하였다. 문희와 무희는 초기 경극의 가장 기본적인 분류였는데, 제목상의 구분이었을 뿐 아니라 연기 기풍상의 구분이기도 했다.

경극의 '생, 단, 정, 축'의 네 가지 배역 또한 문무(文武)의 구별에 따라 둘로 구분되었다. 이렇게 배역을 나누는 방법은 고전적이고 또 매우 큰 분류 방법이다. 그러나 1940년대 이후부터 경극의 두 주요 배역인 노생과 청의가 번갈아가며 으뜸 자리를 차지하는 국면이 유행하면서, 경극의 배역으로 구분된 '노생희', '청의희'가 '문희', '무희'의 분류법을 대신하였다. 모든 노생 유파는 자신들만의 대표작을 가지고 있었는데, 예를 들어 「군영회(群英會)」에서의 노숙(魯肅)은 정장경(程長庚)의 대표작이고, 「타어살가(打漁殺家)」는 담파(譚派)의 명극이었으며, 주신방(周信芳)은 「소하월하추한신(蕭何月下追韓信)」 등의 새로운 작품으로 우뚝 섰고, 「전부와룡조효(全部臥龍弔孝)」는 유명한 언파(言派)의 노생희이다. 그러나 1945년 소생(小生)의 명배우인 섭성란이 육화사(育化社)를 성립하여 경극에서 인물 비중이 소생으로 옮겨가는 선례를 열었다. 연이어 그 특유의 소생희 작품을 수없이 상연하였는데, 「주유(周瑜)」, 「나성(羅成)」, 「유음기(柳蔭記)」, 「백사전(白蛇傳)」, 「서상기(西廂記)」 등이다. 그러나 4대 명단(名旦) 및 후기의 '명단' 배우 장군추(張君秋)[1] 역시 모두 이 유파의 대표적인 작품을 가지고 있다. 이것은 오늘날 많은 사람들이 무희(武戲)를 보는 것은 경극의 입문 상태를 이해하는 것이고, 노생희와 청의희를 들을 수 있어야 진정한 경극의 팬으로 자격이 있다고 하는 이유이다.

경극의 전통 작품들은 그것의 전신(前身) 장르의 공연 작품을 계승하였기 때문에, 소재가 광범위하다. 어떤 것은 역사연의에서 소재를 얻었고, 어떤 것은 공안고사(公案故事)에서, 어떤 것은 고전 잡극(雜劇), 전기(傳奇)에서 나왔으며, 어떤 것은 필기(筆記), 소설로부터 유래되었으며 곡예 창본으로부터 각색되어 나온 것도 있다. 일부 전통 작품은 어떤 오래된 희극 또는 비교적 오래된 민간 고사에서 소재를 취했기 때문에, 그 내용이나 극 중 인물이 오늘날의 관중들에게는 상당히 낯설 수밖에 없다.

역사적인 내용을 담은 경극에서 작품에 나오는 세계는 현재나 미래의 중국도 아니고 옛날의 정확한 시대도 아니다. 여기에서 역사는 분명하지 않은 옛 일이고, 늘 옛것을 빌어 오늘을 풍자하는 계기를 만들었고, 누구도 옳고 그름을 따지지 않았다. 역사적 내용을 소재로 하는 연극은 오랜 시간을 통해 전해오면서 중국인들에게 감정적인 공식을 만들어주었다. 이것은 중국인들이 옳고 그름, 선과 악, 동정심에 대해서 전통적인 중국의 도덕규범을 따르게 하였다는 점에서 의미가 있다. 즉 '충효인의(忠孝仁義)'가 핵심인 이 감정적 공식은 당시 사회의 주된 가치관 및 농업 사회의 도덕적인 핵심과도 일치한다. '의로움(義)'을 선양하는 것과 비교할 때, 경극은 연애를 중시하지 않았고, 있다 하더라도 서로 사랑하는 부부가 함께 어려움을 겪는 이야기가 남녀 간의 사랑 이야기보다 훨씬 많다. 대부분의 경극 작품이 시대에 상관없는 사람들의 보편적인 심리를 나타내고 있다는 것은 널리 유행했던 몇십 출(出)의 경극을 통해 쉽게 알 수 있다. 이를테면 장인은 가난을 싫어하고 부유한 것을 좋아하고, 부유한 집의 아가씨는 편견 없이 가난한 서생을 사랑하며, 가난한 서생은 뭇사람의 희망을 저버리지 않고 공명을 얻는다는 이야기, 방탕아는 신분 상승을 이루지 못하고 여생을 초라하게 보내든지 아니면 집이며 가족까지 다 잃는다는 이야기, 가족에 대한 사랑과 남녀 간의 사랑의 갈등에 관한 이야기 등 이러한 단순한 감정적 관계의 모델은 종종 개성과 그 안에 내포되어 있는 세부적인 것들을 없애버려 사건의 면모를 모호하게 하기도 하며, 권선징악이라는 천편일률적인 결말을 내기도 하지만, 여기에는 현실에서 참조할 만한 보편성과 전형성(典型性)이 있다.

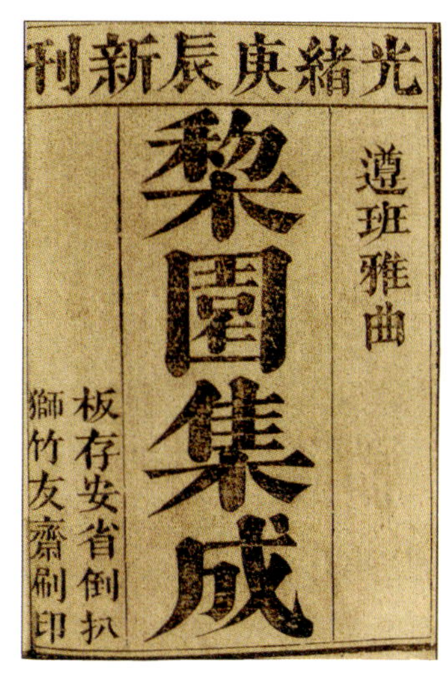

경극에서는 배우가 가장 중요하다. 스승과 제자는 '입으로 전하고 마음으로 가르치기' 때문에 배우에 따라 대사도 다르며, 고정된 극본을 무시하고 전하기 때문에 오늘날 볼 수 있는 당시의 극본이 극히 적다. 『이원집성(梨園集成)』은 청대 성행했던 2종의 곤곡(崑曲) 극본과 45종의 피황희(皮簧戲) 극본을 수록하고 있다. 사진은 책의 표지

경극은 연기를 중심으로 하는 예술 형식인데, 비록 작품은 많지만, 엄격한 의의에서 비교적 높은 문학적 가치를 가진 극본은 없다. 따라서 경극을 감상할 때 대본과 줄거리를 미리 밝혀둘 필요가 없다. 경극의 대본(戲文)을 꼭 이해하고 기억해야 한다고 하더라도 그것은 별로 어려운 일이 아니다. 왜냐하면 경극의 노래 가사(唱詞)와 대사는

구구절절 통속적인 구어로서 쉽게 이해할 수 있으며, 문장의 수식을 중시하지 않기 때문에 듣자마자 바로 알아들을 수 있다.

오늘날의 관중들은 보통 '절자희(折子戱)*'에서부터 시작하여 경극을 보아왔다. 절자희란 무엇인가? 보통 그것들은 하나의 처음과 끝이 있는 이야기 중의 하나의 작은 단락으로, 하나의 장절(章節)이라고 할 수 있는데, 통상 한 장(場)만 있을 뿐이다. 비록 시작과 끝은 없지만, 줄거리가 치밀하고 기교가 매우 강하다. 오래된 경극 팬들은 아무리 봐도 질리지 않으며 아울러 이것을 관중의 감상 수준 및 젊은 연기자의 연기가 무르익었는지 아닌지에 대한 하나의 척도로 삼는다. 이렇게 말할 수 있는 이유는 무엇일까? 연극을 하는 사람은 너무나 많고 또한 이런 소극(小戱) 중에서 여러 역할을 소화해낼 수 있는 배우 또한 너무나 많아서, 관중들은 일찍부터 이러한 것들을 마음에 두면서 비교한다. 희극을 좋아하게 된 지 얼마 안 된 사람은 오래된 팬들로부터 인정받고 싶어 하는데, 먼저 절자희를 품평하는 것으로 '관문을 통과'해야 한다. 팬들의 인정을 받고 싶어 하는 신인 연기자들도 먼저 절자희를 연기하여 '일정 수준에 이르러야' 한다.

그러나 성공하는 대극(大戱)**이라면, 그중에 한두 장(場)은 반드시 단독의 절자희로 공연될 것이 있게 마련이다. 먼저 완전한 대극이 있어야만 비로소 점차적으로 몇 부분의 절자희가 추려진다. 이것은 바로 소위 대극이라고 말해져야 할 '연대본희(連臺本戱)***'이다. 연대본희는 줄거리가 치밀하고 변화무쌍하지만 전체적인 스토리는 종종 고르지 않을 때도 있어서 첫 번째 장에 등장했던 중요한 인물이 두 번째 장에 가서는 조역이 되거나 등장하지 않는 경우가 많다. 그러나 극단의 주연은 끝까지 모든 장에서 가장 중요한 인물을 연기한다.

만약 경극의 내용을 세심하게 분석해 본다면 사람들

* **折子戱**: 여러 막으로 구성된 중국 전통극에서 가장 볼거리가 다양하고 관객들이 좋아하는 한 막만을 독립적으로 연출하는 극

** **大戱**: 처음부터 끝까지 이야기가 완전한 극

*** **連臺本戱**: 연속 공연하는 장편 연극

20세기 중국의 가장 중요한 희극 이론가인 제여산(齊如山)은 독일어, 프랑스어에 능통하였으며, 일찍이 유럽으로 건너가 학업과 사업을 하면서, 오페라를 접했다. 30여 종의 전문적인 희극 학술 저작을 출판하였고, 경극의 사료(史料), 명대사(名詞), 검보(臉譜), 분장, 등장과 퇴장, 무대 의상과 소도구, 음운 등에 대해 많은 노력을 들여서 연구하고 고증하였다. 매란방이 공연했던 많은 작품이 모두 그의 작품이다.

은 이상하게 생각할지도 모른다. 중국은 결코 '무(武)'를 숭상하는 나라가 아닌데, 어째서 무희가 경극 작품의 절대다수를 차지할까? 그 이유는 역사서인 『삼국지(三國志)』*를 근거로 각색한 「삼국희(三國戲)」만 봐도 잘 알 수 있다. 그것은 인생에서 가장 빠른 변화는 전장에서 가장 쉽게 볼 수 있기 때문이거나, 전쟁 중에서 한 사람의 성격과 처세의 태도를 가장 쉽게 알아 볼 수 있기 때문일 것이다. 또한 극 중 인물의 실패의 교훈이 쉽게 이해할 수 있는 인생 경험이 되기 때문일 수도 있다. 무대 아래의 관객이 관리이건 장사치이건 주부이건 보편적으로 공감대를 형성할 수 있고, 교훈과 유익함을 얻을 수 있거나 혹은 본보기로 삼을 수 있기 때문일 수도 있다.

연극의 희단(戲單). '9월 초이틀 운귀(雲貴) 연회. 장소: 정을사(正乙祠), 공연: 장춘부(長春部)(객원 배우 있음), 낮, 밤 두 차례 공연함'이라는 문구가 찍혀 있다. 당시 오랫동안 공연되던 전통 작품이며, 출연했던 배우들은 이미 모두 세상을 떠났다. 정을사(正乙祠)는 북경 선무문(宣武門) 밖에 있으며, 예전에는 경극 예인의 제사를 지내는 신묘(神廟)였다. 정장경(程長庚), 노승규(盧勝奎), 담흠배(譚鑫培), 왕요경(王瑤卿), 매란방(梅蘭芳) 등 각 세대의 대가들이 일찍이 여기에서 공연했다(왕수촌 소장).

경극의 형성 초기부터 성숙기까지 연속되었던 전통 작품은 약 1,300여 종이 되며, 1950년대 이래로 새로 개편하여 전해진 작품도 100개에 가깝다. 전체적으로 볼 때, 창공희(唱功戲), 무술극(武打戲), 종합극**, 유파희(流派戲)가 있고, 소희(小戲), 연대본희, 절자희가 있으며, 고장희(古裝戲), 현대 의상극(現代時裝戲), 신편 역사극(新編歷史戲), 혁명 현대 신극(革命現代新戲)이 있다. 창공희는 노래로 승부를 보는 것이고, 주공희는 정교하게 연기하는 것이며, 가무소희는 가볍고 활발하며, 연대본희는 인물이 많고 규모가 방대하며, 줄거리가 복잡하고 스토리가 완전하다. 절자희는 정수가 응축되어 있고 음미할 가치가 있으며, 유파희는 특이한 색채가 잇달아 드러나고, 특색이 분명하며, 현대희는 시대성을 강조하고 현실 생활에 근접해 있다. 경극의 작품 구조는 자유로우며, 희극성과 극장성이 비교적 강하고, 무대에서의 표현 수단도 풍부하고 통속적이어서 쉽게 이해할 수 있다. 그중 「삼차구(三岔口)」, 「추강(秋江)」, 「이진궁(二進宮)」, 「옥당춘(玉堂春)」, 「귀비취주(貴妃醉酒)」, 「패왕별희(霸王別姬)」, 「목계영괘수(穆桂英掛帥)」, 「쇄린낭(鎖麟

* 『三國志』: 삼국 시대(220~280)의 역사를 기전체(紀傳體)로 저술한 기록

** 문무를 겸비하고 노래, 대사, 동작, 무술을 모두 중시하는 경극

2002년 춘절(春節) 기간에 정을사(正乙祠) 희루(戲樓) 문 앞에 있는 희극 제목표. 중국어와 영어로 공연할 작품 제목을 명시하였다(촬영 장조기).

囊)」, 「소군출새(昭君出塞)」, 「홍낭(紅娘)」, 「진향련(秦香蓮)」, 「공성계(空城計)」, 「차동풍(借東風)」, 「서책포성(徐策跑城)」, 「백사전(白蛇傳)」, 「적상진(赤桑鎭)」, 「야저림(野猪林)」, 「군영회(群英會)」, 「사랑탐모(四郎探母)」, 「용봉정상(龍鳳呈祥)」[2], 「대뇨천궁(大鬧天宮)」 등이 널리 전해졌다. 각 예술 유파에게는 모두 깊이 환영을 받는 대표 작품이 있었는데, 오랜 팬들은 어떤 극인지만 봐도 어떤 유파의 누가 주연인지를 정확하게 짚어낼 수 있었다.

「삼차구(三岔口)」

이 작품은 해외에서 자주 공연되던 무희이다. 노래(唱功)를 중시하지 않고 동작, 무술에 편중하기 때문에 경극을 감상할 때 언어의 장벽을 쉽게 무너뜨릴 수 있다. 관중들은 이 작품으로부터 경극 무술 동작의 기본 규칙뿐 아니라 경극의 허구적인 수법 역시 이해할 수 있다. 한 무생이 한 화검을 보호하기 위해서 시골의 작은 주점까지 쫓아가는데, 밤에 무축으로 분장한 가게 주인과 오해가 생겨서 서로 어두운 곳에서 싸운다는 단순한 이야기이다. 전체 극에서 주요 부분이 바로 이러한 '어두운 곳에서 싸우는' 것을 표현하는 장면이다. 무대 위가 충분히 밝은데도 두 인물은 허구적인 표현을 통해 각종 무술 초식을 하며, '손을 펴도 손가락이 보이지 않는' 어둠의 상태를 표현한다. 서로 싸우지만, 매번 허공에 주먹을 날리며, 다리로 세게 차되, 상대를 차지 않고, 탁자나 의자를 찬다. 무대 아래의 관중들은 이미 다 알고 있으면서도 오히려 그러한 연기에서 재미를 느낀다.

무대 위의 도구 또한 간단해서 탁자 하나, 의자 두 개가 전부이다. 탁자는 때로 밥을 먹고 술을 마시는 식탁으로, 때로는 무생이 잠을 자는 침대로 변한다. 집의 문은 생략되었고, 무축이 칼을 가져와서 방문을 잡아당기는 것 같은 동작으로써 관중들에게 문이 정말 있는 것처럼 느끼게 한다.

「추강(秋江)」

해외에 소개된 문희(文戲) 중에서 자주 공연되는 작품으로, 각 시기, 모든 유파의 단 역 명배우가 전부 이 절자희를 공연했다. 언덕 위 마음에 둔 사람을 따라 가고 싶어 하는 여도사(道姑)가 애간장을 태우고 있었는데, 강에 있는 짓궂은 늙은 뱃사공이 이것저것 캐물으며 시간을 지체하다가 우여곡절 끝에 결국 뱃사공이 여도사를 도와 사랑하는 사람을 따라 잡는다는 이야기이다. 늙은이와 젊은이, 조급함과 느긋함, 두 상황이 대응되는 것이 미묘하여 운치가 넘친다. 이 작품은 무대 도구가 너무나도 간소하여 탁자나 의자 한두 개조차 없다. 그렇지만 이것을 본 관중들은 "사공의 짧은 노 한 자루밖에 없는데도, 무대가 위아래로 파동치는 것 같다."라고 표현한다. 문희는 인물의 심리

「추강(秋江)」의 한 장면. 여도사 진묘상(陳妙常) 역에 동지령(童芷苓, 왼쪽), 사공 역에 왕쇄수(王灑水, 오른쪽)

묘사에 치중하고 있기 때문에 대사를 알아듣지 못하는 외국인 관중일지라도 배우들의 세밀한 연기를 분명하게 이해할 수 있으며 눈빛, 걸음걸이를 보는 것만으로도 즐거움이 넘쳐흐른다.

「이진궁(二進宮)」

이 출(出)은 오랫동안 사랑받았던 절자희이며, 노생, 동추화검과 청의의 공동 공연이다. 무대 위의 세 사람은 방금 죽은 남편의 첩, 문신(文臣), 무장(武將)인데, 그들은 노래 가사를 통해 누가 충신인지 나라를 누구에게 주어 다스리게 해야 하는지의 문제를 토론한다. 동작이 많지 않으며 복잡한 것도 없다. 서양 사람들의 눈으로 볼 때, 이 작품은 전형적인 오페라와 비슷하며, 관중들이 만약 여기에서 경극 창강(唱腔)의 아름다움을 이해했다면, 감상 수준 또한 새로운 단계로 업그레이드된 것이다.

「옥당춘(玉堂春)」

경극에서 청의가 입문하는 데뷔극(開蒙戲)일 뿐 아니라 가장 널리 유행했던 작품 중 하나이다. 유명한 기생인 옥당춘과 귀관의 아들 왕금룡(王金龍)은 사랑하여 백년해로를 맹세하지만, 기생 어미가 소삼을 상인인 심연림(沈燕林)에게 첩으로 팔아버린다. 심연림의 처가 소삼을 질투하여 남편을 죽인 죄를 덮어씌우게 되고, 관부로 압송되던 중 호송원인 숭공도(崇公道)가 그 내막을 알고, 소삼을 의녀로 삼게 된다. 후에 왕금룡은 관리가 되어 이 사건을 맡게 되고 소삼의 억울함을 풀어주며, 두 사람은 결국 함께하게 된다는 내용이다. 청의, 소생, 축 역의 배우들이 주연을 한 작품으로, 여러 절(折)로 되어 있고 단 역의 서피(西皮) 창강의 거의 모든 판식을 망라하고 있으며, 특히 「소삼기해(蘇三起解)」, 「삼당회심(三堂會審)」 두 절이 훌륭해서 오랫동안 유행하였다. 매란방, 상소운, 정연추, 순혜생 및 장군추(張君秋) 모두 이 작품에 뛰어났는데, 그들이 각자의 재능에 따라 창조해낸 새로운 곡조는 각각 특색이 있다.

「귀비취주(貴妃醉酒)」

흥겹게 노래하며 춤추는 이 단절희(單折戲)*는 매파(梅派)의 경전과 같은 작품이다. 매란방이 양귀비 역을 하였는데, 이 작품을 처음 공연했을 때, 전통적인 연출 방식에 다방면의 개혁과 새로운 것을 추구하였으며, 동작이 매우 많은 몸짓과 걸음걸이를 심혈을 기울여 고안해냈다. 또한 전통적인 가사(唱詞)도 수정하여 새로운 사상적 내용을 더하였다. 이 작품은 당 현종(玄宗)[3]과 양귀비의 사랑 이야기이다. 하루는 현종이 원래 양귀비와 백화정(百花亭)에서 꽃을 감상하기로 했으나 다른 후궁을 보러 갔다. 양귀비는 백화정에서 오랫동안 현종을 기다렸으나 오지 않자, 답답함에 홀로 술을 마시고 저도 모르게 깊이 취해서 자신의 잘못을 뉘우치며 성내면서 돌아갔다. 작품 안에 춤추는 장면이 많았는데, 매란방은 모든 동작에 조형의 미를 추구하여 양귀비를 아름답고 부드러우며, 단정하고 온화한 자태로 연기했다. 매란

* **單折戲**: 하나의 절(折)로 되어 있는 극

방은 해외에서도 이 작품을 여러 차례 공연했으며, 환갑의 나이까지도 여전히 북경 길상 희원(北京吉祥戲院) 등지에서 이 작품을 공연하여 국내외 관중들에게 깊은 인상을 남겼다.

「패왕별희(霸王別姬)」

매란방과 '무생 역의 대가' 양소루(楊小樓)가 1921년 하반기에 함께 창작한 것으로, 매란방이 우희(虞姬) 역을, 양소루가 초패왕(楚霸王)을 연기했다. 첫 공연에서 관중들의 열렬한 환영을 받았고, 그 후 매파의 대표작이 되었다. 이 작품은 2000여 년 전 일세를 풍미했던 초패왕이 전쟁에서 패해 포위되었을 때, 절세미인 우희가 노래와 춤으로 위로한 뒤 검을 빼어 자살하자, 초패왕 역시 심히 비통해하며 검을 빼어 자진한다는 이야기이다. 죽기 전의 마지막 사랑 노래는 비록 전쟁에 패한 후 죽음으로 이별했지만 영웅의 기개가 충만하다. 매란방이 연기한 여주인공은 의리가 있고 위엄이 있으며 곡조 또한 슬프고 간절하며, 구성진 목소리가 사람들을 감동시켰다. 극 중에서 노래와 춤이 똑같이 중시되었고, 매란방이 이 작품을 위해 만들어낸 검무(劍舞)는 극 전체에서 가장 뛰어난 절(折)이어서, 공연할 때마다 관중의 호평을 받았다. 오늘날의 무대에서 패왕의 역할은 대부분 화검이 연기한다.

「목계영괘수(穆桂英掛帥)」

매란방의 생애 중에서 마지막으로 연기했던 신극(新戲)이며, 첫 공연은 1959년에 있었다. 노년의 여자 영웅이 나라를 위하여 적을 막는 막중한 임무를 지고 양씨 집안(楊門)의 장수들을 인솔하여 출정하는 내용이다. 매란방의 역할은 경극 무대에서 거의 볼 수 없었던 노년의 목계영(穆桂英)인데, 청의와 도마단(刀馬旦)*의 특징을 하나로 융합시켜야 하는 대단한 노력이 필요하였다. 이미 환갑을 넘은 매란방이었지만 이 작품에서 노래와 동작이 단정하고 얌전하며, 호탕하고 위엄

* **刀馬旦**: 중국 전통극에서 무예에 뛰어난 배역

매란방이 노년에 각본을 써서 연출한 「목계영괘수(穆桂英掛帥)」. 무대 위의 그는 오른손에는 말채찍을 잡고, 왼손에는 영기(令旗)를 쥐고 있으며, 등 뒤에 서 있는 시위는 손에 대독기(大纛旗)*를 들고 있는데, 무예가 강한 여장군이다(촬영 장조기).

이 있었다. 뛰어난 자태를 나타내 목계영이라는 대중의 선망을 받는 여 장수의 빛난 형상을 무대 전체에 생동감 있게 그려냈다. 이 작품은 근 반세기 동안 계속 상연되어 매파의 대표작 중 하나가 되었다.

「쇄린낭(鎖麟囊)」

정연추(程硯秋)의 중년 시절 대표작이다. 선량한 부잣집 아가씨가 순수하게 사람을 도와주었는데, 나중에 은혜를 보답받고 오히려 도움을 받는 감동적인 이야기이다. 정연추는 극 중에서 심오한 창공(唱功)을 발휘하였으며 몸동작 역시 훌륭했다. 이 극은 1980년대 이후

* **大纛旗**: 군을 이끄는 통수가 사용하던 전쟁의 깃발. 보통은 통솔하는 장수의 성씨가 수 놓여 있다.

줄곧 경극 관중의 환영을 받았으며, 오늘날 정연추의 가장 유명한 작품 중 하나가 되었다.

「소군출새(昭君出塞)」

상소운(尙小雲)의 초기 대표작 중의 하나이며, 상소운의 전승자에 의해 계승되었다. 1000여 년 전의 왕비가 국가의 안전을 위하여 오랑캐인 흉노왕과 화친(和親)한다는 이야기이다. 작품이 길지 않으며 왕소군이 나라를 떠나 원행하는 길에 그 길을 따라 보는 것, 노래하는 것을 표현하고 있다. 상소운은 소군을 위해 매우 기교 있는 몸짓을 고안했으며 가무가 함께 이루어졌다. 상소운의 연기는 굳세며 영웅미를 드러내는 것이 그 특색인데, 이 극 중에서 특히 두드러지게 나타난다.

「홍낭(紅娘)」

중국 고전 명극인 「서상기(西廂記)」에서 소재를 얻었으나, 주인공은 여주인 및 그녀가 사랑하는 사람의 중계 역할을 하는 어린 몸종 홍낭(紅娘)이다. 그녀는 활발하고 아름다우며 다정다감하고 도량이 넓어 곳곳에서 공정한 성품으로 사건을 주도하여 관중들의 사랑을 받았다. 이 작품은 순혜생(荀慧生)의 초기 대표작 중 하나이다. 순혜생은 가난한 집 어여쁜 딸, 묘령의 소녀 형상을 만들어내는 데 뛰어났는데, 이 작품에서 그 장점이 완벽하게 드러난다.

「진향련(秦香蓮)」

「찰미안(鍘美案)」이라고도 하며, 중국 희곡 무대에서 가장 유행하는 작품 중 하나이다. 이것은 무정한 사내가 관직을 얻은 후 조강지처를 버리는 비극이다. 원래는 흑두정(黑頭淨) 역의 전통극이며, 김소산(金少山), 구성융(裘盛戎)이 이 작품의 연기에 뛰어났다. 1953년에 각색된 후 내용이 더 확충되어 장군추(張君秋)의 대표작이 되었다. 장군추가 남편에게 버림받는 고된 운명을 가진 진향련(秦香蓮)을, 마연량(馬連良)이 무정한 남편을, 구성융이 공정하고 현명한 판관 포증(包拯) 역을 하였는데 캐스팅이 절묘하다. 이 극은 1963년에 영화로 만들어져 더욱 널리 유행하였다.

「백사전(白蛇傳)」

이것은 아주 오래된 귀신 이야기로, 곤곡 중에도 이 작품이 있었는데, 현대의 유명한 작가 전한(田漢)이 경극「백사전(白蛇傳)」을 창작하였다. 작품 전체의 분위기가 물 흐르듯 편안하고 빈틈없이 완전하다. 시끌벅적하고 위험한 큰 장면의 무술, 아름다운 춤도 있고 마음을 감동시키는 노래도 있으며 세밀하고 아름다운 언어에는 시적 정취가 흐른다. 이것은 민간 색채가 풍부한 이야기이다. 1000년을 수련한 백사(白蛇)가 인간 세상에 내려와 항주(杭州)의 젊은 약방 주인인 허선(許仙)과 부부가 되는데, 번번히 법해선사(法海禪師)의 간섭과 박해를 받게 된다.

경극을 배우는 미국인이 공연한「진향련(秦香蓮)」. 대사와 노래 가사(唱詞)에 영어와 중국어가 혼용되어 관객들의 웃음을 자아냈다.

「백사전(白蛇傳)」 중의 한 장면. 남자 주인공 역의 소생은 두렵고 불안한 상태로, 땅에 앉아 계속 뒤로 물러서고 있다(1961).

백사는 자기의 사랑과 혼인을 지키기 위해 갖은 고난을 겪었으나 결국 뇌봉탑 아래에서 진압된다는 이야기이다. 1950년대에 처음으로 공연되었을 때, 당시의 우수한 매파 전승자인 두근방(杜近芳)과 소생 역의 유명한 배우 유진비(俞振飛)가 남녀 주인공 역을 맡았다. 무대에서 백 낭자의 이미지는 수려하고 전아하며 곡조가 완아하고 애절하여 사람들을 깊이 감동시켰다. 이 작품은 반세기 동안 끊이지 않고 공연되었으며, 이미 국내외에 경극의 정수로 정평이 나 있다.

「차동풍(借東風)」

노생이 주인공인 절자희로 마연량(馬連良)의 대표작 중 하나이다. 삼국 시대의 유명한 군사(軍師)인 제갈량(諸葛亮)이 어려운 상황에서도 지모를 발휘하는 이야기이다. 그는 고대의 천문학에 정통하여 대전(大戰)이 있기 전날 저녁 겨울에 동풍이 부는 날짜를 계산하여 그 바람을 빌어 불길로 적진을 깨뜨려 위험한 상태를 벗어난다. 전세가 안정된 후 적을 제압하고 승리하였다는 내용이다. 마연량의 창강이 특히 아름다운 작품이다.

「공성계(空城計)」

노생이 주인공이며, 담파(譚派)의 간가희(看家戲)*이다. 제갈량의 완벽에 가까운 지모, 적군이 성 밑까지 쳐들어오고 지키는 군사도 없을 때에 침착하게 전쟁에 임하여 위험에 직면했음에도 허둥대지 않았던 이야기를 그리고 있다. 무대에서 제갈량은 예지가 뛰어나고 직무를 충실히 지킬 뿐 아니라 사람의 마음을 흔들어놓을 만큼 창강(唱腔)이 아름답고 연기력이 매우 탁월하였다.

「서책포성(徐策跑城)」

노생이 주인공이며 주신방(周信芳)의 대표작 중 하나이다. 한 선량한 신하가 정의의 편이 승리한 소식을 듣고 임금에게 보고하기 위해 급히 가는 중, 달리면서 노래하면서 한편으로는 이 일의 원인과 처음부터 끝까지의 내용을 추억하는 내용이다. 줄거리가 너무 간단해서 거의 한 편의 무용 같지만, 그중에서 인물의 성격 및 그 기뻐하는 마음에 대한 묘사와 절대적인 춤은 완성하기 어려운 것이다. 주신방의 연기가 강렬하며 목소리는 쉬어 있지만 힘이 있고 정의감이 있는 사람을 잘 표현하였고 그의 노래와 동작의 기예가 완전한 경지에 이른다.

「적상진(赤桑鎭)」

구성융(裘盛戎)이 이끄는 구파의 대표작이다. 구성융은 20세기에 가장 영향력 있는 화검(花臉) 배우로, 경극계에는 '정 역할 중 열의 아홉은 구성융 것(十淨九裘)'이라는 말이 있다. 그는 풍아하고 부드러운 경극 화검의 노래 방식을 창시하였으며, 감정과 행강(行腔)을 중시했다. 또한 그는 다방면의 재주를 가진 배우여서 대표 작품에는 창공희

* **看家戲**: 옛날, 배우나 극단의 십팔번 연극

(唱功戲)도 있고, 창(노래)과 동작이 어우러진 작품도 있었으며, 특히 포공희(包公戲)에 능했다. 「적상진(赤桑鎭)」은 강직하여 아첨하지 않는 청관 포증(包拯)도 유약한 면이 있다는 내용으로, 구성융의 연기는 매우 세밀하고 조리가 있었다. 줄거리는 포증이 법에 따라 일을 처리할 때 뇌물을 받아 법을 어긴 조카를 처형했는데, 포증의 형수가 적상진에 와서 군대를 일으켜 죄를 묻자 포증이 그로 인해 대의를 알고 그에게 설득당했다는 내용이다. 이 극은 화검과 노단(老旦)의 이중창이 뛰어나다.

「야저림(野猪林)」

중국 고전 소설인 『수호전(水滸傳)』*에서 소재를 취했으며, 원래는 무생희(武生戲)이나 1950년 유명한 화검 배우인 원세해(袁世海)와 무생 배우인 이소춘(李少春)이 양소루(楊小樓)의 공연 대본을 근거로 각색한 것이다. 영화로도 만들어져 몇십 년 동안 정 역과 무생희의 단골 상연극이 되었다. 원세해가 녹림호한(綠林好漢) 노지심(魯智深)을, 이소춘이 금군교두(禁軍敎頭) 임충(林沖) 역을 맡았고, 두 사람이 노래, 대사, 동작, 무예의 재주를 충분히 발휘하여 감상 가치가 높다.

「대뇨천궁(大鬧天宮)」

『서유기(西遊記)』를 소재로 하였으며, 무생이 주인공인 전통극이다. 극 중의 무생의 기교가 역동적이고 아름답다. 원래 양소루의 대표작이었으나 후에 이만춘(李萬春), 이소춘(李少春)이 더욱 연기를 잘했다. 국내외 관중들에게 널리 알려졌으며, 원숭이극(猴戲)으로 익숙한 미후왕(美猴王) 손오공(孫悟空)이 천국과 지옥을 넘나들며 아둔하고 독재를 일삼는 통치 세력에게 도전하는 이야기이다. 손오공은 지혜롭고 계략에 능하며 강한 권력을 두려워하지 않고 대담하게 행동하는데, 이것은 약자를 위해 폭정에 항거하는 영웅의 이미지를 상징한다.

* **『水滸傳』**: 중국의 장편 소설. 사대 기서(四大奇書)의 하나로, 작가는 시내암(施耐庵) 또는 나관중이라고 하나 확실하지 않다. 북송(北宋) 선화(宣和) 연간에 송강을 수령으로 한 108명의 호걸이 양산박에 모여 간악한 무리와 탐관오리를 징벌한 후 조정에 귀순하여 요(遼)와 전호(田虎), 왕경(王慶)의 반란군을 정벌하며 큰 공을 세우나 호걸들은 점차 흩어지고 송강도 참언에 의하여 비참한 최후를 마친다는 내용이다.

「군영회(群英會)」

생, 정, 축 배역이 합동으로 연기한 「삼국희(三國戲)」이다. 삼국 시대, 손권(孫權, 오(吳)나라)과 조조(曹操, 위(魏)나라)의 군대가 대치하던 상황에서 손권과 유비(劉備, 촉(蜀)나라)가 연합하여 조조 군에 대항하여 승리를 거두는 내용이다. 극 중 인물의 신분, 개성이 각기 다르며, 각자의 이익을 위해 지혜와 용맹을 다툰다. 줄거리가 치밀하고 감동적이어서 심금을 울린다.

「요천궁(鬧天宮)」 중 한 장면 (1961)

1950년대, 담부영(譚富英)[4], 마연량(馬連良)[5], 소장화(蕭長華), 섭성란(葉盛蘭), 구성융(裘盛戎), 원세해(袁世海) 등 여러 명의 출중한 예술가들이 한데 모여 공연하였으며, 지금까지도 사람들에게 즐거움을 주고 있다.

청말 『제풍대(祭風臺)』의 표지. 이 극이 후에 경극의 「군영회(群英會)」가 되었다.

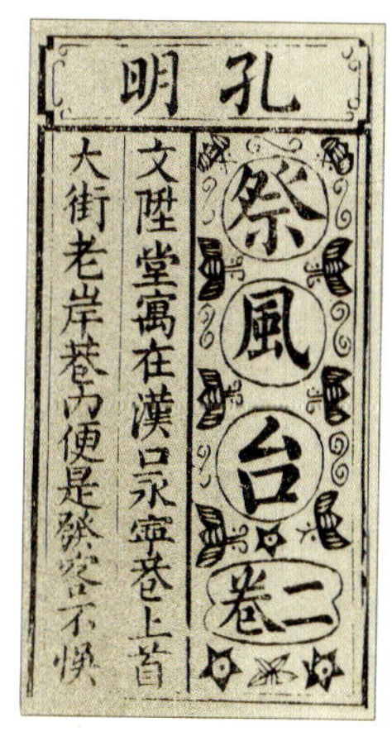

「사랑탐모(四郎探母)」

생과 단이 공동 주연인 대표적인 합작 대극이며, 공연 시간이 세 시간을 넘는다. 송(宋)[6], 요(遼)[7]의 교전 중 송나라의 장군 양연휘(楊延輝, 四郎)는 요나라의 포로가 된 후 신분을 숨기고 요나라의 철경(鐵鏡) 공주와 결혼한다. 15년 후, 양연휘의 남동생과 그의 어머니가 대군을 이끌고 요군과 대치하는데, 연휘는 어머님을 생각하는 마음에 흔들린다. 하지만 전세에 쫓기어 모자는 만나지 못한다. 철경 공주는 남편의 속사정을 알고 영전(令箭)*을 훔쳐서 양연휘가 어머니를 찾아갈 수 있도록 해주어, 양씨 집안(楊家)의 모자와 형제가 황급히 모였다가 다시 헤어진다.

시작 부분의 '좌궁(坐宮)' 부분은 단독의 절자희로서도 감상할 수 있는데, 다채로운 노래 부분이 관중들의 귀에 익숙하다. 모자가 대치

* **令箭**: 옛날 군중에서 명령 전달의 증거로 사용한 화살 모양의 수기

당대 생 역의 대가 세 명이 공연한 「군영회(群英會)」. 섭소란(葉少蘭, 가운데)은 소생 역으로 잘생기고 자유분방하다. 담파의 계승자 담원수(譚元壽, 왼쪽), 마파의 계승자 마장례(馬長禮, 오른쪽)는 노생 역으로 노련하고 신중하다(촬영 왕가신).

하는 형세에서 어머님을 그리는 간절한 마음을 가진 양연휘가 적국의 공주 신분인 아내에게 자기의 진짜 신분을 털어놓는 내용으로 노생, 청의 두 사람의 노래 부분이 아름답고 감동적이다.

「용봉정상(龍鳳呈祥)」

계속 성행을 이룬 대표적인 대극(大戲)으로, 모든 배역이 다 등장하며, 그 배역의 대가들이 항상 한 역할당 몇 명씩 같이 출연한다. 생, 단 위주이고, 많은 장(場)은 독립적인 절자희로도 공연할 수 있는데, 「감로사(甘露寺)」, 「회형주(回荊州)」, 「노화탕(蘆花蕩)」 등이 훌륭하다. 삼국 시대에 유비가 오랫동안 형주를 빌리고 돌려주지 않자, 손권과 주유(周瑜)는 손권의 여동생인 상향(尙香)을 이용해 미인계를 쓰고자 하였으나, 유비는 이 계략을 역이용하여 오히려 아름다운 부인을 얻었다는 이야기이다. 과거의 뛰어난 경극 배우 중에서 이 작품을 해보지

좌 1956년 북경 경극 공작 연합회(京劇工作聯合會)의 성립을 경축하기 위한 공연에서 전통극인 「사랑탐모(四郎探母)」를 공연하였다. 사진은 그중에서 '별처(別妻)'의 한 장면이다. 마연량(馬連良, 오른쪽)이 양연휘(楊延輝)를, 이연수(李硯秀, 왼쪽)가 양연휘의 부인 역을 맡았다. 당시 여성 해방 운동에서 열렬히 비판하던 남존여비 사상이 농후한 작품이다.

우 경극의 각본가(연출가)는 극을 이해해야 할 뿐 아니라 연기도 알아야 한다. 아갑(阿甲, 오른쪽)이 공원에서 무술 동작을 연습하고 있다.

않은 사람이 없었다. 경극계의 전통에 의하면, 명배우들이 모인 공동극에 참여하여 공연한 경험이 없다면 '뛰어난' 배우라고 말하기가 어렵다고 한다.

사실 이 작품의 인기가 오래도록 식지 않은 비결은 작품에 '길상(吉祥)*'이란 단어의 공이 없다고 할 수 없을 것이다. 고난과 곡절을 겪은 주인공이 대단원의 원만한 결말을 맞는다. 춘절(음력 설)에 상연되면, '상서롭다'는 뜻 때문에 더욱 환영받는다.

* **吉祥**: 상서롭다는 뜻

1| **장군추**(張君秋, 1920~1997): 4대 명단 이후의 명단 배우로 장파(將派)의 창시자이다.

2| 「**용봉정상**(龍鳳呈祥)」: 삼국 시대 유비의 결혼 이야기이다.

3| **현종**(玄宗, 685~762): 당나라의 제6대 황제(712~755 재위). 민생 안정과 부국강병을 실현했고 예술에도 조예가 깊어 문화 발전에 큰 기여를 하였다. 수십 년의 태평성대를 이룩한 명군이었으나 말년에 지나치게 도교에 심취했고 양귀비(楊貴妃)와의 로맨스로 정사를 돌보지 않아 망국의 길을 걷게 된다.

4| **담부영**(譚富英, 1906~1977): 담파의 노생인 담흠배의 손자. 「군영회」에서는 오나라의 충직한 문관 노숙(魯肅) 역이다.

5| **마연량**(馬連良, 1901~1966): 노생(老生) 역할의 배우로 가장 영향력 있는 노생 유파인 마파(馬派)의 창시자이다.

6| **송**(宋, 960~1279): 오대십국의 뒤를 잇는 통일 왕조. 오대 중 하나인 후주(後周)의 절도사였던 조광윤(趙匡胤)이 세웠다. 군인들의 권력 횡포에 염증을 느낀 조광윤은 무인을 억압하고 문인을 중시하는 문치주의를 택하고 강한 중앙 집권 체제를 수립했다. 문화 부흥 정책으로 사회 전반이 안정되고 백성은 풍요로웠다. 하지만 1126년 북쪽에서 일어난 금(金)나라에 의해 수도 개봉(開封)을 빼앗기고 강남의 임안(臨安)으로 천도해 남송 시대를 연다.

7| **요**(遼, 916~1125): 거란족의 왕조. 야율아보기(耶律阿保機)가 초대 황제다. 9세기 말 당이 점차 쇠락한 틈을 타 일어났고 제2대 태종(太宗) 때 만리장성 이남의 연운16주(燕雲十六州)를 할양받아 국호를 요라 하였고 그 후에도 지속적으로 남진을 꾀하였다. 하지만 12세기 초, 금과 남송의 동맹으로 만주 땅에서 쫓겨나고, 중앙아시아로 도망쳐 서요(西遼)를 세운다.

음악과 악단

중국의 희곡은 종류가 매우 많다. 지역, 방언 및 문화적 배경이 다르기 때문에, 각각의 특징을 가진 희곡 음악을 형성하였다. 경극 음악은 서양의 오페라 음악처럼 작곡가가 전문적으로 창작한 것이 아니라, 상용되는 일부 곡조를 모방하여 응용하는 것으로, 고정적인 판식(板式)* 과 곡패(曲牌)**를 위주로 하여, 곡에 따라 가사를 붙인 것이며, 곡보(曲譜)는 기타 특수문자 부호가 아닌 한자로 기록되었다. 경극의 음악은 7성 음계(七聲音階)로 구성되어 있으며, 한 쌍(상, 하)의 악구(樂句)를 기초로 하여, 변주하는 중에 박자(節拍), 선율의 변화가 드러난다. 각종 다른 판식의 연결과 변화가 극 전체에서 음악이 사용되는 기본적인 수단이 되며, 이로써 각기 다른 희극의 정서를 표현한다.

대부분의 경극 작품의 음악은 '서피(西皮)'와 '이황(二黃)'의 두 가지 판강(板腔)의 곡조(曲調)로부터 변형되어 이루어지며, 가사(唱詞)는 다섯 글자 또는 일곱 글자가 많고, 열 글자가 넘는 변체도 있다. 서피의 곡조는 비교적 활발하고 강하며 리듬이 긴박하고 창강(唱腔)은 명랑하여, 의연함, 기쁨 혹은 격동 등 비교적 격앙된 정서를 표현하기에 적합하다. 이황은 반대로 평화롭고 안정적이며 서정적이고 깊은 강조(腔調)***이며,

* **板式**: 중국 전통극 노래 곡조의 절박(節拍) 형식. 경극 중의 '만판(慢板), 쾌판(快板), 이륙(二六), 유수(流水) 등을 가리키며, 일종의 '판'이라고 이름 붙여진 타악을 이용하여 리듬의 양식을 나타낸다.

** **曲牌**: 곡조의 각종 명칭으로, 중국 전통극에 나오는 곡 하나하나에 명칭이 있다.

*** **腔調**: 중국 희곡에서 계통을 이루는 곡조로 지방에 따라 '서피(西皮)', '이황(二黃)' 등의 강조가 있다.

* 小鑼: 꽹과리보다 작은 징. 중국 전통극의 반주용으로 사용된다.

** 散板: 중국 음악에서 대곡(大曲)을 전후해서 연주하는 자유곡

리듬은 평온하고, 편안하여 깊은 사색, 슬픔, 감탄, 슬픔과 원망 등 상대적으로 우울한 정서를 표현하기에 적합하다. 이 두 곡조는 악구의 속도, 구폭(句幅)의 길이, 악곡 단락의 희극성의 요구에 따라 10여 종의 박자 판식(板式)을 만들어냈다.

그러나 서피와 이황 외에도 경극은 다른 희곡의 창강 곡조(唱腔曲調)를 흡수하였는데, 예를 들어 남방자(南梆子)[1], 사평조(四平調)[2], 고발자(高撥子)[3], 곤곡(崑曲)[4], 취강(吹腔)[5] 등 또한 경극에서 늘 사용되는 곡조이다. 경극의 음악이 사람들에게 주는 선명한 인상은 징과 북소리가 시끄럽다는 것이다. 이러한 소리에 습관이 되지 않은 사람이 들으면 아마도 너무 시끄러워서 놀랄 것이다. 이는 아마도 경극이 시골의 야외 무대에서 시작되어 징과 북의 큰 소리로 관중을 모아야 했기 때문인 것 같다. 반대로 곤곡은 고아한 원림(園林)의 대청(廳堂)에서 공연하고, 피리가 주요 악기이며, 소라(小鑼)*를 사용하는 지방이 많기 때문에, 경극보다는 훨씬 조용하다. 경극에서 산판(散板)**은 곤곡의 음계를 빌었기 때문에 부드럽고 서정적으로 들린다. 400여 년 동안 곤곡은 중국의 다른 희극 장르에 깊은 영향을 주었고, 오늘날까지 '모든 희극의 어머니(百戱之母)'라고 불리고 있다.

경극 전문 용어(行話)에서는 악단을 '장면(場面)'이라고 부르는데, 최초에는 수구(守舊) 앞에 앉아 있어서, 배우들이 악단 앞에서 연기를 했으나, 반세기 전에야 비로소 무대의 측면으로 옮겨졌다. 악단은 두 부문으로 나누는데, 하나는 '문장(文場)'이라고 부르며, 현악기와 호금(胡琴, 경호(京胡)라고도 부름)이 주가 된다. 월금(月琴), 삼현(三弦), 비파(琵琶) 등의 현악기와 관악기로 구성되어 있다. 문장의 리더는 '금사(琴師)'라고 부른다. 다른 한 부분은 '무장(武場)'이라고 하는데 타악이며, 리더는 '고사(鼓師)'이다. 여러 형태의 북(鼓), 박판(板), 나(鑼), 요(鐃), 발(鈸) 등으로 구성되어 있으며, 북과 박판이 주요 악기이며, 소라(小鑼), 대라(大鑼)가 그 다음이다. 문장의 호금, 월금, 삼현과 함께 '육장

박판(板). 3개의 넓이 약 6cm, 길이 약 20여 cm이며 마호가니 나무(紅木) 또는 황양목(黃楊木)으로 만든다. 두 부분으로 구성되어 있는데, 앞부분은 두 개의 나무판으로 현을 이용해 묶고, 뒷부분의 한 개의 나무판은 두 개의 나무판에 끈으로 연결한다. 주로 노래할 때 박자를 치는 데 사용되고, 또한 단피고(單皮鼓)와 함께 다른 타악기를 리드하는 역할을 한다(촬영 오공생).

통투(六場通透)'라고 불린다. 악단의 지휘자는 고판(鼓板)을 잡는 고사이지만, 때로는 금사보다 이름을 내지 못하기도 한다. 만약 그날의 주연이 노래(唱功) 위주의 공연을 한다면, 그의 전용 금사는 항상 주연이 무대에 등장하기 전에 무대에 나와, 악단 중에서 가장 눈에 띄는 자리에 조용히 앉는다. 문장의 역할은 주로 노래를 반주하는 것이며, 아울러 과장된 분위기의 장면의 음악을 연주하는 것이다. 무장의 주된 임무는 배우의 몸동작, 대사, 노래, 춤, 무술 동작에 맞추어 시작과 끝을 알리고 박자를 분명하게 하며, 장(場)의 전환을 알리고, 무대 분위기를 고조시키는 것이다. 악단은 고사의 지휘 하에서 공연의 처음부터 끝까지 반주를 하고, 고사가 통제하는 악단의 반주가 어떠한지는 배우의 연기의 성패에 굉장히 중요하다. 전통적인 희곡 이론에 '3할은 전장, 7할은 후장(三分前場, 七分後場)'이라는 말이 있는데, 악단이 공연의 박자를 통제하고 있다는 것으로, 전통적인 희곡 연기에서 그것을 '척촌(尺寸)'이라고 불렀으니, 악단이 얼마나 중요한지 알 수 있다.

작품의 제재가 확대되고, 표현하는 내용이 풍부해짐에 따라 오늘날의 경극 음악은 전통 경극의 문무장(文武場)의 특색을 유지하고 발

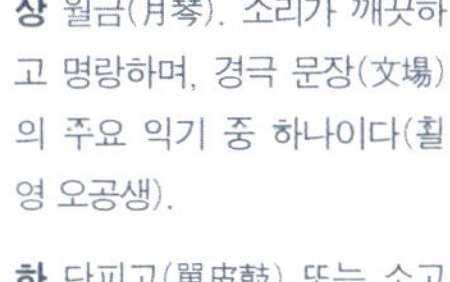

상 월금(月琴). 소리가 깨끗하고 명랑하며, 경극 문장(文場)의 주요 악기 중 하나이다(촬영 오공생).

하 단피고(單皮鼓) 또는 소고(小鼓)라고도 부른다. 타악과 관현악의 지휘 악기이다(촬영 오공생).

중국인과 외국인으로 구성된 경극 악단

상 경호(京胡). 경극에서 관현악 반주 중의 주요 악기이며, 반주할 때 말총으로 만든 활로 마찰하여 현의 소리를 내는데, 그 소리가 강하고 맑다(촬영 오공생).

하 경이호(京二胡). 원래 경극에서는 사용되지 않았으나, 1920년대부터 매란방과 '금사(琴師)' 서란원(徐蘭沅), 왕소경(王少卿) 등이 '청의'가 노래할 때 반주로 사용하여, 현재는 널리 사용되고 있다(촬영 오공생).

휘하고자 하는 전제하에 더욱 많은 전통 악기를 수용하였으며, 아울러 중국 민간 악기와 서양 악단의 혼합된 반주 형식을 이용하는 것을 시도하여, 작곡과 악기 배치의 방법에서 완전한 경극 음악을 창조해냈다. 악단의 장대함은 경극 음악의 인물 표현, 정경 묘사, 분위기 과장, 희극의 박자 강화, 연기의 부각, 공연을 미화하는 기능을 일정 수준 증가시켰고, 경극 연출에 웅대한 기개를 만들어냈다.

1| **남방자**(南梆子): 하남(河南)의 방자(梆子)가 변하여 형성된 것으로 박자와 원판(중국 전극이나 음악의 박자)이 대략 비슷하나, 창강(唱腔)이 구성지고 부드러우며, 대부분 단(旦) 역과 소생(小生)이 사용한다.

2| **사평조**(四平調): 곡조가 유창하고, 어떠한 복잡하고 불규칙한 노래 가사(唱詞)도 이것으로 노래할 수 있다.

3| **고발자**(高撥子): 진강(秦腔)에서 파생되어 나온 것으로 격앙되고 비분한 감정을 표현하기에 적합하다.

4| **곤곡**(崑曲): 반주에서 피리가 주요 악기이며, 노래는 곡마다 곡패가 있고, 문사가 전아하다. 창강(唱腔)이 구성지며, 간주가 거의 없고, 세밀한 것을 연주하며, 흥겹게 노래하며 춤출 수 있어서 '소리가 있으면 모두 노래이고, 움직이지 않는 것은 춤추고 있지 않는 것이다'라는 것을 실현한 진정한 희극 장르이다.

5| **취강**(吹腔): 피리를 이용해 반주하는 창강. 그러나 대사가 구어에 가깝고, 창강 중에도 간주가 있으며, 선율도 상당히 간단하여 노래할 때 비교적 편안하다.

연기(表演)

전통적으로 경극에서 인물이 등장하고 퇴장하는 것(下臺)을 그들의 용어(行話)로 '출장입상(出將入相)'이라고 하는데, 전통적인 기풍의 무대에서 배우는 수구(守舊)의 양쪽 편에서 발(布簾)로 만든 문(門)으로 등장하고 퇴장한다. 인물이 첫 번째로 등장하기 전에는, 늘 커튼 안(오늘날은 무대의 측막)에서 등상을 기나리는네, 어떤 때는 호금(胡琴)이 울리면, 등장하는 배우가 도판(導板)*을 하고, 무대 아래의 관중들이 그것을 듣고, 열렬히 박수를 치면, 그제야 배우가 커튼을 들어올리고 무대에 나온다. 어떤 때는 악단이 징과 북소리를 내면, 배우가 먼저 커튼 안에서 움직이기 시작하다가 춤을 추면서 무대에 올라간다. 커튼 뒤에는 전담하는 한 사람이 있어서, 긴 막대기로 커튼을 들어올리면, 배우가 안쪽으로부터 걸어나온다. 무대 위의 배우가 내려갈 준비를 하면, 커튼이 안에서부터 들어올려지고, 배우는 몸을 비켜 그쪽으로부터 무대 뒤로 돌아간다.

일반적으로 일단 훌륭한 배우가 등장하면, 무대 아래에서 바로 박수로 보답한다. 일반적인 상황에서 커튼의 위쪽 가장자리는 보통 사람 키보다 얼마 높지 않아서, 만약 나오는 사람이 대장(大將)일 경우,

*導板: 경극 박자의 일종. 노래를 시작하기 직전에 한다.

머리 위에 꿩꼬리 깃털을 꽂기 때문에 반드시 먼저 머리를 숙이고, 몸을 옆으로 비껴서, 허리 부분을 둥글게 흔들면서 활 모양(弧線)의 걸음으로 등장한다. 그렇게 두세 보 나온 후에 뒤에 있는 발(簾)을 앞쪽에 고정시킨 후 한 자세로 흔들며 전체 관객을 '내려다봄으로써' 배우의 이미지를 부각시키는데 관중들은 곧 갈채와 박수로 보답한다.

매란방이 수수(水袖)*를 이용하여 춤의 형태 동작을 연기하고 있다. 동방의 미학적 운치를 가득 담고 있다.

* 水袖: 중국 전통극이나 무용에서 연기자가 입는 옷의 소매 끝에 붙어 있는 흰 명주로 만든 긴 덧소매. 격한 감정을 나타내기 위해 팔을 크게 흔들 때 이것으로 효과적인 표현을 할 수 있다.

유명한 정파(程派)의 남자 단역 배우 왕음추(王吟秋)가 창공(唱功)을 위주로 연기한 청의희(青衣戲) 「하후매전(賀後罵殿)」(1959)

경극의 가장 기본적인 연기 수단은 '노래(唱), 대사(念), 동작(做), 무예(打)'라 할 수 있다. 중국에는 200~300가지의 희곡 장르가 있는데, 가장 근본적인 차이는 노래의 곡조, 선율과 음운에 있으며, 또한 어떤 지방의 희곡인지에 따라 현지 언어의 음운적 특징을 지니고 있다. 경극은 결코 순수한 북경 말로 공연되는 것은 아니며, 그 안에는 뚜렷한 호북(湖北) 지역의 억양(口音)이 있는데, 이것 역시 경극의 발전 과정에서 형성된 특유의 맛이라고 하겠다.

경극의 노래(唱)는 서양의 성악 체계와는 근본적으로 다르며, 기본적으로 '오선보'로 표시할 방법이 없다. 서양의 성악 체계는 노래하는 사람의 음역과 노래 방법에 따라 테너, 바리톤, 베이스, 소프라노, 메조 소프라노, 알토 등으로 구분된다. 이러한 구분은 작곡가가 가극(오페라)의 완성도에 근거하여 정할 수 있는데, 예를 들어 청년 역할을 베이스로도, 테너, 바리톤의 배우가 연기할 수 있다. 노인의 역할도 동일한데, 즉 극 중 인물이 부르는 노래의 예술적 특징은 작곡가와 배우(노래하는 사람)에 의해 결정되고, 곡의 필요에 따라 결정된다. 오페라에서 여자 배우가 베이스의 역할을 할 수는 없다.

경극 노래의 성악 체계는 이와는 완전히 달라서 음역으로 구분하지 않고, 극 중 인물의 성별, 연령, 신분, 지위, 성격 및 음색과 창법에 따른 각색으로 분류되며, 특정한 배역을 맡은 배우들은 발성과 노래에 모두 자신만의 방법을 가지고 있어서, 다른 배역과 차이가 크다. 예를 들어 노단(老旦)과 청의(青衣)를 보면, 전자는 진성(眞聲)을 위주로 하고, 후자는 가성(假聲)을 위주로 하며, 소생(小生), 노생(老生)과 화검(花臉) 간에도 역시 큰 차이가 있다.

경극을 관람할 때 가장 만족스러운 것은 연기를 보고 노래를 듣는 것이다. 연기자의 표정과 태도, 손짓 하나, 발동작 하나 하나 모두 깊이 음미할 가치가 있다. 사진은 소생(小生)과 화단(化旦)의 애정극이다(촬영 오강).

경극에서 소생은 테너와 같지 않고, 화검은 베이스와 같지 않으며, 청의는 소프라노와 같지 않고, 노단 또한 알토와 다르다. 어떠한 배우라도 그 배역의 노래 기풍과 발성 요령을 파악했다면, 이 역할을 할 수 있다. 여자 배우가 화검의 노래 요령으로 화검희(花臉戲)를 부를 수 있고, 남자 배우 역시 화단의 노래 요령으로 단 역의 희극을 부를 수 있다. 여자 배우가 연기한 남자 역할은 사람들에게 남성 인물을 보게 하는 것이지 '여자 소리'의 연기가 아니다. 마찬가지로 남자 배우가 연기한 여자 배역 역시 사람들에게 동일하게 진정한 여인을 보게 해주는 것이며, 변장을 하는 효과(극의 줄거리에서 여자가 남장을 하거나 남자가 여장을 하는 것을 규정한 경우)를 보여주는 것이 아니나. 이로써 서앙의 오페라와 중국의 희곡은 체계가 다른 희극이며, 간단하게 비교할 수 없음을 알 수 있다. 서양의 고전 오페라는 '우아한 예술'이지만, 경극 예술은 중국에서 '대중 예술'의 하나이며, 대도시든 산간벽지든, 노인이나 어린아이, 부녀자, 장애인에 이르기까지 눈과 귀만 있다면 모두 즐길 수 있는 연기 형식이다.

경극의 발성 방법과 상음(嗓音)의 특징은 서양의 창법과 확연히 다르다. 발성 부위는 대체로 흉강(胸腔), 두강(頭腔), 심후(深喉), 천후(淺喉)이며, 배역, 연기 유파에 따라 발성, 교자(咬字)*, 행강(行腔)**, 운기(運氣)***에서 모두 독창적인 방법이 있다. 음향학과 관련된 분석에서 나타나듯이, 경극 배우의 가창 음역의 폭은 1.7~2.8옥타브로, 최저음과 최고음은 모두 서양 창법에 상응하여 비교할 때, 고음 성부의 음

* **咬字**: 정확하거나 전통적인 음으로 글을 읽거나 가사나 중국 전통극의 대사를 노래(唱)하다.

** **行腔**: 희곡 배우가 노래할 때 곡에 대한 나름대로의 해석에 근거해서 음을 형성하고 목소리를 조절한다.

*** **運氣**: 몸의 한 부분에 힘을 모으다.

이것은 여주인공이 대사에서 마음을 넌지시 표현한 것(독백)으로, 옆에 있는 '노단'은 속사정을 결코 알 수 없으며, 관중처럼 그녀의 표정을 보면서 장단을 맞추어, 희극의 효과를 높였다(촬영 왕가신).

가보다 높다. 노생, 화검, 청의의 가창 음역은 2옥타브, 축, 노단, 화단의 경우 2옥타브보다 작으며, 소생은 3옥타브에 가깝고, 청의는 노생과 화검에 비해 1옥타브 가까이 높다. 소생의 최저음은 화검과 같으며, 최고음은 청의와 같아서 폭이 매우 크다.

경극에서는 노래(唱)가 가장 중요한 부분을 차지한다. 과거에는 배우들을 '희극을 부르는 사람(唱戲的)'이라고 불렀으며, 경극에서 창강(唱腔)과 경극 음악은 같은 것으로, 주로 서피(西皮)와 이황(二黃)이다. 일반적으로 말하면, 서피는 활발하고, 즐거운 것을 표현하는 데 좋고, 이황은 슬픔이나 탄식을 표현하는 것을 위주로 한다. 두 가지 가락(唱調)에 모두 수많은 리듬이 있어서 아름다운 창강(唱腔)을 구성해냈다. 악조(樂調), 판강(板腔), 투곡(套曲)으로 구성된 창단(唱段)은 서정적이거나 서사적인데, 모든 것은 배우의 창공(唱功)에 달려 있다. 과거에 창단(唱段)의 창작은 배우와 악사가 완성했으나, 오늘날에는 이미 전문 음악가와 배우가 공동으로 창공을 설계하고 작곡하는 것으로 발전되었다. 경극의 노래 가사(唱詞)에는 모두 운각(韻脚)이 있으며, 구형의 길이는 삼언, 오언, 칠언, 십언 등이 있다. 경극의 창사는 비록 전아하고 세련된 것을 과하게 중시하지는 않지만, 오랫동안 다듬어서 고정된 것으로 생동감 있고 또렷하다.

경극 창강(唱腔)의 음운과 흥취는 종종 경극 예술의 '최고 경지'를 구현해냈는데, 극 중 인물의 노래뿐만 아니라 그들이 하는 말, 심지어는 반주 및 대자연의 바람, 비, 천둥, 번개 등의 소리까지도 포함된다. 경극은 창강(唱腔) 예술로서 중국의 다른 희극 장르와의 차이점이 창강에 있다. 또한 경극 내부의 유파 구분 역시 창강의 차이에 따른다고 말할 수 있다. 경극의 극 전개의 파란만장함과 각각의 창강의 미감을 감상할 수 있는 사람이야말로 경극 감상의 비교적 높은 경지에 도달한 것이다.

'염(念)'은 대사를 가리키는데, 즉 인물의 대화이다. 경극에서 주로 서사 기능을 한다. 경극에서 특히 대사를 중시하여, 일찍이 '천 근(斤)의 대사, 네 량(兩)의 노래'라는 말이 있었다. 그 의미는, 운치 있게 노래를 부르는 것도 분명히 쉬운 일은 아니지만, 인물의 말을 운치 있게 하는 것은 더욱 어려워서, 세심하게 따져보고 큰 노력을 기울일 필요가 있기 때문이다. 경극에는 선율이 구성진 곡조들이 많이 있는데, 보통 배우들 모두 박수를 받지만, 더 훌륭한 배우들은 오히려 소박하고 화려하지 않은 산판(散板), 요판(搖板)*으로 사람들을 감동시킨다. 대사는 고전 경극 예술의 단정하고 우아함을 드러낸다.

'동작'과 '무예'는 모두 배우가 신체 동작을 이용해 인물을 표현하고 분위기를 만들어내는 것이다. 경극에는 아주 구체적이고 사실적인 도구는 없기 때문에, 배우들은 신체 언어를 충분히 이용하여 인물의 심리 과정, 동작의 세세한 부분을 동작으로 똑같이 묘사해야 한다. 동작, 무예의 몸동작에서 모두 춤 같은 아름다움을 중시한다. 경극 중에 많은 무예극(武打戲)이 있는데, 빈손으로 헛주먹질을 하기도

*搖板: 중국 전통극 박자의 일종으로 느리고 긴 박자

유진비(俞振飛)가 「금옥노(金玉奴)」에서 연기한 가난한 서생이 밥그릇을 들고 콩물을 마시고 있으며, 또한 입술에 젓가락을 붙임으로써 인물의 궁상맞음을 절절하게 표현하고 있다(촬영 왕가신).

경극 중의 '무예(打)'는 전통 무술을 무용화한 것으로, 병기를 가지고 겨루는 것은 '파자공(把子功)'이라고 부른다. 사진은 「화봉황(火鳳凰)」 중 한 장면이다(1963).

하고, 작은 병기나 도구를 사용하거나, 혹은 두텁고 무거운 의복, 투박한 장화를 신고 긴 무기로 싸워서 보는 사람들의 눈을 현란하게 만들기도 한다.

경극의 인물은 어떤 고민이 있더라도, 항상 통쾌하게 말해야 한다. 주위에 있는 사람에게가 아니라 관중이 듣도록 해야 하고, 때로는 스스로 한쪽에서 몰래 혼잣말을 하기도 한다. 노래(唱), 대사(念)로 부족할 때는 동작, 의상 및 검보의 색채와 도안을 첨가한다. 경극은 우는 것에도 박자가 있는데, 커졌다 작아졌다 하는 소리에도 인물, 줄거리에 따라 그에 따른 운율이 다르다. 이처럼 여러 방면에서의 과장된 연기 때문에 경극을 많이 보고 나면, 정말 시끌벅적하다고 느낄 수도 있다. 무대 위에 겨우 한두 명의 배우만 있는데도 눈과 귀가 꽉 차니 말이다.

여자 역할을 하는 남자 배우 — 남단(男旦)

중국 경극이 찬란했던 시기에, '4대 명단(四大名旦)'으로 대표되는 경극사상 전무후무했던 남자 '단(旦)' 역 예인들이 등장했는데, 남자 배우인 이들이 무대에서 여성 역할을 했으며, 그들은 '남자의 몸'으로 열 몇 가지 혹은 몇십 가지의 여성 인물을 꼭 진짜처럼 그려냈다. 남자 관중들은 그들이 표현하는 여성의 형상을 좋아했고, 여자 관중들은 이들을 동정하면서도 남성들이 여성의 역할을 연기해냈다는 것에 감탄했다.

이 남단(男旦) 배우들은 여성 배우와 여성 관중이 극장 안에 들어가지 못하던 시대에 태어났다. 희반(戲班)의 예인은 무대에서 각양각색의 인생 이야기를 연기해야 하기 때문에, 선천적인 조건이 여성을 연기하기에 적합한 사람이 분장할 수밖에 없었다. 선천적인 조건이라는 것은 외모만 가지고 연기하는 것과는 다르며, 반드시 피나는 훈련을 통해서 이루어지며, 체형이 여성처럼 아름답고 호리호리하지 않다면, 몸의 자태와 동작의 기품에서부터 노력을 기울여야 한다. 이러한 방책을 찾아내기 위해 중국 희극에서 긴 덧소매가 생겼는데, 이는 여성이 다른 사람에게 맨손을 보여주는 것이 용납되지 않았던 시대적 상황과 서로 일치한다. 동시에 꼭 맨손을 보여야 할 때는 각종 손가락짓을 발명해냈

* **跑圓場**: 극 중에 먼 길을 고생스럽게 가거나 다른 공간, 시간으로 옮겨갈 때 배우가 상체를 세우고 움직이지 않으며 종종 걸음으로 무대 위에서 원을 그리며 도는 것으로 고난도의 연기 능력

다. 이렇게 해서 순전히 자연 상태의 '손'에 비해 더욱 아름답고 더욱 예술적인 손 연기 방법도 발전시켜 갔다. 게다가 남성 배우가 포원장(跑圓場)*, 춤 동작과 무예 동작을 연기할 때, 여성 배우보다 하기가 쉽고 편하며, 또한 더욱 고난도의 기교를 표현할 수 있다. 당시의 미학적 요구도 딱 들어맞았으나, 경극이 종종 도를 넘어서기도 하기 때문에, 아마도 어떤 의미에서는 경극의 연기가 남성적인 색채를 지니게 된 이유이기도 할 것이다.

경극의 단 역은 초창기에는 모두 남자 배우들이 연기하였다. 그렇기 때문에, 단 역은 창강(唱腔), 의상은 물론이고 음역까지 비슷하게 연기하는 것을 추구하여, 남자 배우들의 생리적인 특징에 의거하여 만들어진 것이다. 그 후 점점 여자 배우들이 단 역을 하기도 했지만, 여전히 남자 배우들의 가성으로 부르는 연주 방법을 답습할 뿐 여자들의 생리적인 특성에 맞는 발성 방법을 만들어내지 못하였다. 이미 고인이 된 정파(程派)의 남단(男旦) 왕음추(王吟秋)는 남자 배우들이 단 역 연기의 뛰어남을 이야기하면서, "남자 배우들의 목소리(嗓子)가 여유 있고, 폐활량이 풍부하여, 그 깊이를 음미할라치면 더욱 제맛이 느껴진다. 그 외에 체구적인 면에서 봐도, 남자 배우가 역시 더욱 빼어나, 고전 여성의 늘씬한 미적 표준에 더욱 부합한다."고 하였다.

1949년 가을, 4대 명단(名旦) 배우인 매란방(梅蘭方), 상소운(尚小雲), 정연추(程硯秋), 순혜생(荀慧生)이 북경에서 모두 모였다. 이미 중년의 나이를 넘긴 네 명의 배우들

20세기 중기에는 일시적으로 남단의 발견과 양성이 중단되었다. 한 가지 관점은 '남자에게 남성 역할을 하도록 하고, 여자에게 여성 역할을 하게 하는 것이 뭐가 나쁜가'라는 것이었는데, 이렇게 해서, 비록 남단을 할 훌륭한 인재들이 있었음에도 키워낼 기회를 잃었다. 1980년대가 되어서야 사람들의 머릿속에서 편견이 점차 사

진덕림(陳德林)은 초기의 경극 배우 중 남단(男旦)의 대표 인물로, 경극계에서는 '선생님'으로 불렸으며, 그의 문하에는 학생들이 매우 많았다. 사진은 매란방(뒷줄 오른쪽에서 첫 번째) 등 네 명의 제자와 기념 촬영을 한 것이다.

라졌고, 선천적으로 남단의 소질과 조건을 갖춘 어린아이들에게 경극을 배울 수 있는 환경이 만들어졌다.

가장 큰 기적은 매란방의 가정에서 일어났다. 매란방 집안의 막내아들인 매보구(梅葆玖)가 10살에 배우기 시작하여, 13세에 경극 무대에 오른 것이다. 아버지의 가르침과 소장화(蕭長華), 강묘향(姜妙香), 유진비(兪振飛) 등 선배 예인들의 지도를 받아, 연기가 날로 향상되었으며, 특히 창강(唱腔)에 있어서는 매파의 최우수 계승자로 널리 인정을 받았다. 1950년대까지만 해도 연기를 그리 깊이 좋아하지 않던 매보구는 1980년대 초에 '다시 등장하여' 사람들에게 매파의 풍채를 보여줬는데, 그의 상음(嗓音)은 아름답고 원숙하며, 창강(唱腔)과 대사는 단정하고 순수했으며, 연기는 단정하고 장중하며 시원스럽고, 분장한 모습은 왕년의 매란방을 꼭 빼닮았다. 매보구가 다시 무대로 돌아온 초기에, 사람들은 노년의 매란방을 떠올렸다. 그 후 그는 더

매보구가 연기한 매란방의 초기 대표작 「태진외전(太眞外傳)」. 남단(男旦)의 연기 예술이 찬사를 받았다(촬영 왕가신).

노력해서 매란방의 중년, 초년 시절의 일부 작품을 복원했으며, 매란방의 초기 대표작 중의 하나인 「태진외전(太眞外傳)·선회(仙會)」에서 연기해보지 못했던 '예상우의무(霓裳羽衣舞)'를 성공적으로 복원해내어, 중국 현대 경극사상 뜻깊은 한 획을 남겼다.

아시아의 다른 국가에서도 남성이 여성을 연기하는 경우는 적지 않다. 경극의 형성·발전의 역사를 거슬러 올라가보면, 남단이 있을 때도 있고 없을 때도 있음을 발견할 수 있다. 현대에 와서 남녀평등 관념을 제창하면서, 여성이 무대에 올라 연기하는 것이 제한되거나 비난받는 것이 점점 줄어들면서, 단 역을 하는 여자 배우 역시 자연적으로 많아졌다. 남단이 사람들에게 비판을 받는 것은 아마도 주로 경극 형성 초기에 있었던 불량한 사회적 분위기인 '압사유(狎邪游)', 즉 당시 일부 고관대작들이 권세를 이용하여 남단 배우들을 협박하여 동성애를 즐긴 것 때문이었는데, 이러한 부작용이 많은 사람들에게 남단에 대한 편견을 갖게 했다.

19세기 말, 상해에 최초의 경극 여배우가 등장했는데, 속칭 '모아희(髦兒戲)*'라고 불렀다. 이것은 일종의 집단 조직으로 각종 배역이 모두 갖추어져 있었으며, 또한 배우와 기녀를 겸하는 희반(戲班)도 있

* **髦兒戲**: 여자아이들이 공연하는 어린이 연극

었다. 그 후 천진과 무한에서도 여성 극단(女班)이 등장하였다. 1912년 이후, 이러한 여배우들의 연기의 풍조가 북경까지 불어와서 한때 남녀 공동 연기가 시행되기도 했으나, 그 다음해에 금지되었다. 1930년 '중화 희곡 학교(中華戲曲學校)'가 설립되고 나서야 희극계에 비로소 남녀 공학이 생겨났고, 1931년 남녀 공동 공연이 회복되었다. 또한 남단의 아성에 도전한 것은 1930년 선거로 생겨난 영향력 있는 여배우들 '4대 황후(四大皇后)'라고 할 수 있다. 곤단(坤旦)과 여반(女班), 여배우(女伶)는 좀 다른데, 그녀들은 먼저 독립된 '역할'을 갖고, 남녀 공동 공연의 희반의 간판에 올려지며, 돈을 벌 수 있고(출연료), 하층 배우들에 대해 절대적인 권위를 누릴 수 있었다.

좌 1920년대 당시 인기를 한 몸에 받았던 남단(男旦)의 배우 여섯 명이 같은 극에서 진짜 가짜 구별이 어려운 두 사람의 인물을 한 사람이 한 단(段)씩 연기했다.

우 1920년대 상해의 다원 '소광한(小廣寒)'에서는 경극의 여배우(坤伶)가 반주 없이 노래하는 청창(淸唱)으로 한 막을 공연하였다. 무대 위에는 계화 바구니와 채색 등이 있었고, 저막(底幕)에는 종이 하나가 걸려 있다. 무대 위에는 긴 탁자 하나, 탁자 위에는 다도 기구가 놓여 있고, 여배우 일곱 명이 탁자 옆에 서 있거나 앉아 있었다. 비파, 호금, 박, 단피소고 등 경극의 반주 악기도 볼 수 있다(왕수촌 소장).

배우와 유파

경극 배우들은 비교적 특수한 예술 집단이다. 예전에는 보통 '광대(伶人)'로 불렸으며, 사회적인 지위가 높지 않았으나, 근 50년 동안 다소 향상되었다. 매란방, 마연량(馬連良)과 같은 명배우들은 평민들에게 '그들의 경극을 보지 않으면, 평생을 헛산 것이다'라는 찬사를 받았는데, 이러한 점에서 말하면 정말로 일반 예술가가 가진 능력과 비교가 되지 않는 것이다.

경극 연기는 여러 해 동안 몰두하여 연습해야 비로소 이름을 낼 수 있는 직업이며, 동시에 '아버지의 업적을 아들이 계승하는' 천부적인 재능과 기교가 함께 중시되는 직업이다. 아버지 세대의 명성은 혁혁하지만, 아들 대에 가서는 업적이 그저 그렇고 심지어는 어쩔 수 없이 직업을 바꿔 다른 생소한 길을 찾는 일이 종종 있었다.

경극이 '가학(家學)'임을 인정하지만, 대다수의 예인들은 모두 먼저 인재를 양성하는 학교인 '과반(科班)'에 입학하여, 8년 동안의 고달픈 훈련 과정을 겪고 난 후, 다시 '희반(戲班)'에 들어가 직업 배우가 된다. 경극의 인재를 양성하는 방식과 서양식 학교의 교육과는 매우 다른데, 가장 중요한 특징은 첫째, 말로 전하고 마음으로 가르치는 것으로(口傳心授), 스승과 제자가 일대일로 마주하여 손짓으로 직접 하는 것이지, 책에서 얻는 경험이 아니라는 것이다. 둘째, 인물에 맞게 교육하는 것으로 학생의 상태에 따라 언제라도 가르치는 방향과 방법을 바꿔서, 가장 적합한 영역에 들어가게 하여 신속하게 발전시킨다는 것이다. 경극의 교학에서 전해지는 '점(点)을 구하고 면(面)을 고려하지 않는다'는 말처럼 보통 한 '과(科)'(몇십 명)의 학생 중에서 한두 명의 천부적인 재능을 가진 인재만이 두드러진다. 이러한 인재 양성 방식은 바로 경극 시장의 수요와 일치하는 것이어서, 대량으로 스타를 만들어내려고 하지 않는다.

배우들에게는 두 가지의 매우 중요한 인간관계가 있다. 하나는 사제 관계이고 두 번째는 가족 관계이다. 전자는 예술적 파벌과 관련이 있고, 후자는 성씨와 혼인 관계에 관련이 있다. 사실 이 두 관계는 서

매란방(앞줄 오른쪽에서 두 번째)의 사진첩 중에 들어있는 어린 소년들과의 기념 촬영 사진. 이중 명배우로 성장한 이가 적지 않다.

* 梨園: 극장, 연극계를 지칭하는 말

로 얽혀 있어서 분리할 수가 없다. 명망이 높은 집안에서 태어난 사람은 평범한 집에서 태어난 사람보다 유명해질 기회가 확실히 많다. 거기에 천부적인 재능에 근면함까지 더하고, 유명해진 후에 다시 좋은 집안과 혼인까지 하면, 그 사람의 앞길이 탄탄대로임은 두 말할 필요도 없다. 배우들의 이 두 영역에 대한 태도는 자랑이 될 수도 있고 기죽는 일이 될 수도 있다.

1930년대 이전에 이원(梨園)* 쪽의 '혈통'은 상당히 순수했다. 그 당시 이 배우 사회에서는 내부 사람끼리 혼인하는 것이 관습이었는데, 첫째는 외부 사람들과 너무 오랫동안 단절되어, 평상시에 서로 접촉할 기회가 너무 적기 때문에 당연히 결혼할 수 있는 기회도 적기 때문이고, 두 번째는 그들 스스로 교만하여 '비옥한 물이 외부로 흐르는 것(肥水外流)'을 걱정해서, 또는 자기의 기예가 실전될 것을 우려하여 '다른 직업군' 사람들과 결혼하는 것을 그리 권하지 않았다. 경극계에도 세도 가문이 있었다. 예를 들어 유명한 담(譚)씨 집안은 이미 7대에 걸쳐 40여 명이 경극 연기 예술에 종사하였고, 축(丑) 역의 거장인 소장화(蕭長華)는 그 아버지 대에서부터 5대에 걸쳐 18명이 이원에서 일했다.

연로한 배우가 젊은 아가씨, 서생, 서동, 계집종을 연기하는 것을 볼 때마다, 경극을 이해하지 못하는 사람들은 바로 묻는다. "주요 배역을 나이든 연기자에게 하게 하면서, 어째서 서동, 계집종은 젊은 배우들에게 연기하게 하지 않는가?"라고. 사실 대답은 간단하다. 이것은 경극이 오랫동안 따라왔던 관습으로 연배가 같은 배우들이 함께 공연을 하면 서로를 잘 알기 때문에 편하게 공연할 수 있기 때문이다. 그 외에 서로 예술의 경지가 가깝고, 연기에서 쉽게 묵계를 이룰 수 있기 때문이기도 하다. 이것은 경극 팬들의 요구이기도 한데, 이런 경극을 보는 것이 편안하기 때문이다. 연기 수준이 다른 배우들이 함께 연기하는 것을 보면 생경하고 어색한 느낌을 들게 하거나, 분위기를 냉랭하게 만드는 경우가 종종 있다. 명절 같은 특별한 때에는 예를 들어 대합작극을 하거나 심지어는 일상적인 규율을 깨고, 다른 연배의 배우들이 협력하여 일종의 특수한 오락 효과를 만들고자 하는데, 이런 것은 관중들 역시 매우 즐겁게 관람한다.

경극계는 연세 드신 예인들을 존중하는데, 일반적으로 말하면, 연세 드신 예인들의 기예가 매우 높아서 노인들을 존경하는 것과 예술을 존중하는 것이 합쳐진 것이다. 또한 귀천을 매우 중시한다. 무대 뒤에서, 다른 배역의 배우들은 모두 함부로 돌아다니지 못하며, 오직 축 역을 하는 배우만 할 수 있는데, 그 유래를 찾아보면, 전설에서 이원의 조상으로 봉해진 당나라 황제 현종이 처음에 축 역을 한 적이 있다는 것이다. 이 장르의 예술이 전해지는 것은 각 대의 사부들이 재예를 전수하기 때문에, 많은 배우들이 "하루의 스승은, 평생의 아버지이다."라는 훈계를 그대로 따른다. 경극계는 가문과 출신을 중요시하는데, 만약 한 집안의 몇 대가 모두 이 일을 했다면, 그들의 후손들이 이원에 들어가면 곳곳에서 사람들이 보살펴주지만, 외부 사람이 경극을 배우고자 한다면, 번거로운 일들이 많아진다. 아무리 노래를 잘하는 사람이라도 반드시 명성이 혁혁한 예인 한 분을 사부로 모시고, 큰 술집에서 주연(酒宴)을 베풀어 대중 앞에서 스승의 예를 올려, 사부와 사모께 머리를 조아리고, 사부의 사부 또는 사형제에게 머리를 조아린 후, 사부가 각 방면의 사람들에게 읍을 하며, "모두들 잘 보살펴 주십시오."라고 '부탁'해야, 새로운 사람의 앞길이 비로소 순조로워진다.

'각아(角兒)'는 희극계의 호칭으로서 무대에서 가장 중요한 인물의 역할을 하는 배우를 일컫는데, 그의 연기는 경극 팬들을 매료시킬 수 있을 뿐 아니라, 경극의 연기 예술에도 개성화된 새로움을 가져와, 이들의 공연의 기법과 연기 방식이 한 시대를 풍미했다. 과거 경극의 전성기에 각아는 비교적 쉽게 배출되어 짧은 기간 동안 몇 출(出)의 새로운 작품을 연기했다. 심지어는 예술 기교상에서 창조적인 업적을 남기는 사람들이 있어서, 하룻밤 사이에 유명해지기도 하였다. 또한 너무나 많은 각아가 갑자기 나타났다가 사라져서 너무 빨리 예술적 전성기에서 추락하기도 했다. 진정으로 이름을 날렸던 각아는 그의 연기 예술의 경험 및 그만의 독창성 또는 계승하는 작품에 남겨진 소멸될 수 없는 자취를 그의 후계자에게 아낌없이 전수하였다. 이렇게 예술적으로 뛰어난 인물들은 인격적인 면에서도 이원의 모범이라 할 만해서, 자기의 희반과 극단 외의 동료들 역시 마음으로든, 말로든 모두 감탄했다. 경극 예술가들은 비교적 전통 품격을 중시하는 집단이라서, 스스로를 존중하는 도덕적 규범을 받들어 행하고, 예와 덕을 중시하며, 인격 수양을 중요시하여 사람들에게 존경과 존중을 받는 예술가를 만들어냈다.

담부영(譚富英)은 조부인 담흠배(譚鑫培)가 창조한 담파 노생의 예술적 기풍을 계승하였으며, 문무를 겸비하였다. 이것은 1959년에 연기할 때의 사진이다.

배우들 각자의 선천적인 조건, 스승과의 관계, 수용하고 이해하고 표현하는 능력, 문화적 수양, 기교의 수준, 사회적 경험, 예술적 실천의 누적 등 각 방면의 차이 때문에, 각자의 예술적 품격과 연기의 특징이 형성된다. 서로 다른 연기의 품격, 특히 창강(唱腔)의 차이는 배우들을 다른 유파에 편입시킨다. 경극 예술이 날로 성숙함에 따라 각 배역에서 모두 적지 않은 유파를 내었고, 각 배역의 연기의 특성(특기)을 잘 표현하는 훌륭한 배우들을 배출하였다.

유파 예술은 중국 희극의 독특한 상징으로, 경극이 전성기에 진입한 후, 우수한 예인들이 생존 경쟁에 직면하였다. 그들은 의식적으로 자기의 상음(嗓音)과 신체적 조건에 의거하여 차츰 완전함을 추구하고 자신의 개성이 잘 드러나는 창강과 연기의 기풍을 창조함으로 형성된 것이다. 스스로 한 유파를 이루어 다른 배우들과 차이점을 두어야만 보다 많은 관중을 얻을 수 있다.

좌 매보구(梅葆玖)는 16세 때 정식으로 매란방 극단을 따라 각지를 순회하며 연기하였다. 가는 곳마다 첫 3일은 그가 매파의 작품을 연기하고, 다시 매란방 선생이 연기하였다. 이것은 1950년 매씨 부자(아버지 오른쪽, 아들 왼쪽)가 상해에서 함께 연기한 것이다.

우 양소루는 1934년에 신극(新戲)을 만들어 적을 막아 나라를 지키려는 호방하고 장엄한 뜻을 표현하여, 예술계에서 미담으로 전해진다. 사진은 그가 극 중에서 연기하는 장면이다.

그 당시 같은 배역의 다른 유파 배우들이 '연기를 겨루는 무대'가 성황을 이루었으며, 각자 팬들의 지지하에서 기교의 난이도를 견주어, 관중들에게 다양한 볼거리를 제공하였다.

경극 무대는 최초에는 노생이 으뜸을 차지했으므로, 노생 유파가 비교적 발전하였다. 담파(譚派)[1], 여파(余派)[2], 언파(言派)[3], 고파(高派)[4], 마파(馬派)[5], 기파(麒派)[6], 양파(楊派)[7], 해파(奚派)[8] 등 10여 개의 유파가 있었으며, 노래와 동작이 모두 아름답고 문무를 겸비한 수많은 예술가들이 나타났다. 단 역의 경우 그 후에 유명한 매파(梅派)[9], 상파(尙派)[10], 정파(程派)[11], 순파(荀派)[12], 장파(張派)[13]가 생겨났다. 또한 당시 소생의 수석 명배우 영예를 지닌 섭성란은 중년 이후에 자신의 연기 기풍을 더욱 잘 형성하여, 당시에 가장 영향력 있는 소생 유파를 창시하였다. 무생 역은 양소루, 개규천(蓋叫天) 등이 선명한 예술 유파를

좌 '반천희(反串戲)'는 배우가 본래의 배역이 아닌 다른 배역을 하는 것을 가리키는데, 자주 공연되지는 않았지만, 배우의 기본기가 깊고, 맡을 수 있는 배역 유형도 넓어야 가능했다. 유명한 '단' 역 배우인 언혜주(言慧珠)는 반천 언파(言派)의 '노생희'인 「양서주(讓徐州)」를 연기했는데, 사진은 공연의 한 장면이다(1954).

우 매란방(좌)와 주신방(우)이 함께 공연하고 있다(1955).

만들었다. 정 역 중에는 김파(金派)[14], 구파(裘派)[15] 등이 있었다. 축 역은 유파의 형성이 조건적 제한을 받아 별로 두드러지지는 않았으나, '문축' 중에서 소파(蕭派)[16], '무축' 중에서의 섭파(葉派)[17] 또한 관중들의 인정을 받았다. 노단 역에는 이파(李派)[18] 등 가장 많았을 때 각 배역의 유파가 몇십 종을 넘었다. 유파의 창시자들은 연기에서 특별히 '창강'에서 독특한 음색, 정취를 내어, 익숙한 관중들은 한 번 들으면 분별해내고, 한 번 보면 알아볼 수 있을 정도였다.

경극 예인들의 특수한 인간관계는 초기의 유파와 종파와 관련이 있는데, 같은 유파의 예인 간은 아마도 혈연관계이거나 또는 사제 관계였을 것이다. 1950년대 후 경극계는 보편적으로 소식극원(蘇式劇院)의 관리 모델을 도입하여 점차적으로 명배우가 극단을 고르는 제도가 없어졌으며 각색을 강조하고 작품이 유파보다 중시되었다. 비록 양보삼, 장군추, 구성융 등의 유파는 그 시기에 널리 전해졌지만 그들은 사실상 그전 1940년대 후기에 이미 예

'단' 역의 명배우인 동지령(童芷苓, 왼쪽), 동보령(童葆苓) 자매가 상해의 어느 무대에서 연기했다(1980).

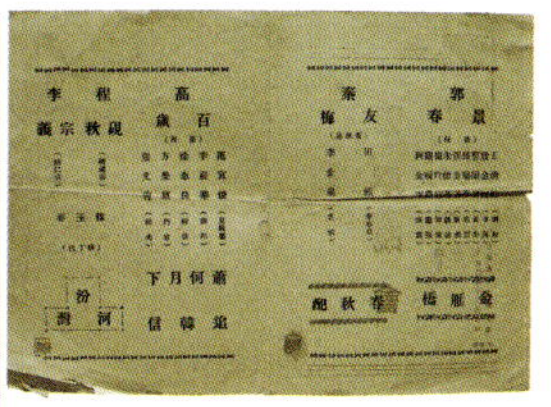

좌 중국 경극원의 많은 우수한 청년 배우들이 대표 작품인 「양문여장(楊門女將)」을 공연하고 있다.

우 중화인민공화국이 성립된 후, 희곡 예술을 진흥시키기 위해 1950년 말에 '전국 희곡 공작 회의(全國戱曲工作會議)'를 열고 '연출 위원회'를 조직하여, 전국의 희곡 연기 예술가를 모아 서로 참관하고 공연하게 하였다. 이 사진은 북경 전문(前門) 밖의 대중 극장에서 공연했던 제10장의 순서지이며, 윗면에는 작품과 배우 이름이 적혀 있었는데, 모두 일부 명배우들의 장기극이며, 경극 외에 진강(秦腔)*, 방자희 등의 지방 희도 있었다(왕수촌 소장).

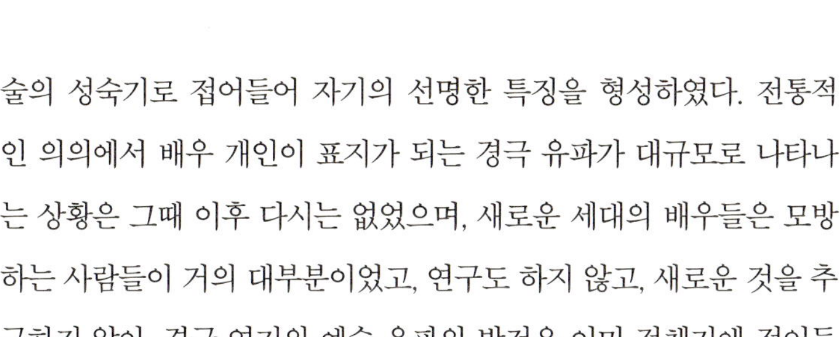

술의 성숙기로 접어들어 자기의 선명한 특징을 형성하였다. 전통적인 의의에서 배우 개인이 표지가 되는 경극 유파가 대규모로 나타나는 상황은 그때 이후 다시는 없었으며, 새로운 세대의 배우들은 모방하는 사람들이 거의 대부분이었고, 연구도 하지 않고, 새로운 것을 추구하지 않아, 경극 연기의 예술 유파의 발전은 이미 정체기에 접어들었다.

* **秦腔**: 중국 서북 지방에 유행한 지방극

[1] **담파**(譚派): 노생 삼걸(老生三傑) 중의 한 명인 담흠배(譚鑫培)가 창시한 노생 유파. 담파의 예술은 노생 배우인 여숙암, 언국명, 마연량, 고경규 외에도 아니라 무생의 양소루, 단의 매란방, 정연추 등 다른 배역의 유파를 이룬 배우들에게까지 영향을 미쳤다. 담파에서 가장 출중한 연기를 보였던 배우는 담흠배의 손자 담부영(譚富英)이다.

[2] **여파**(余派): 담흠배의 제자인 여숙암이 창시한 노생 유파. 담흠배가 서거한 뒤 스스로 반을 조직하여, 담파 예술의 정수와 신운을 기초로 자신의 품격을 더하여 만든 새로운 유파이다. 흔히 '신담파(新譚派)'라고도 부른다.

[3] **언파**(言派): 몽고족 출신의 노생 배우 언국명(言菊明)이 창시한 유파이다. 원래는 담파의 예술적 품격을 계승했으나, 40세 때 목소리에 변화가 생겨, 담파의 특징은 없어지고, 자신만의 특징을 나타내어 새로운 품격의 노생 유파를 창조하였다.

[4] **고파**(高派): 고경규(高慶奎)가 창시한 노생 유파이다.

[5] **마파**(馬派): 마연량(馬連良)이 창시한 노생 유파이다.

[6] **기파**(麒派): '기린동(麒麟童)' 주신방(周信芳)이 창시한 정(淨) 유파이다.

[7] **양파**(楊派): 양보삼(楊寶森)이 창시한 노생 유파로 여파(余派)를 계승하였다.

[8] **해파**(奚派): 해소백(奚嘯伯)이 창시한 노생 유파이다.

[9] **매파**(梅派): 매란방이 창시한 유파로 경극 단(旦) 역의 예술적인 면모를 집대성하였으며, 청의, 화단, 도마단 역을 하나로 융화시켜서 우아하고 감동적이며, 평화로우면서 간드러지는 창강을 창조하였는데, 이를 매강(梅腔)이라고 한다. 매파 예술가 중에 가장 뛰어난 배우는 매란방의 막내아들인 매보구(梅葆玖)이다.

[10] **상파**(尙派): 상소운(尙小雲)이 창시한 단 유파. 많은 제자를 두었으나, 진정으로 상파의 예술적 면모를 계승한 제자는 많지 않다.

[11] **정파**(程派): 정연추(程硯秋)가 창시한 단(旦) 유파이다.

[12] **순파**(荀派): 순혜생(荀慧生)이 창시한 단(旦) 유파이다.

[13] **장파**(張派): 장군추(張君秋)가 창시한 단(旦) 유파. 매파(梅派)의 예술적 기초하에서 다량의 새로운 곡조를 개발, 발전시켜 독립된 유파를 형성하였다.

[14] **김파**(金派): 김소산(金少山)이 창시한 화검 유파이다.

[15] **구파**(裘派): 구성융(裘盛戎)이 창시한 화검 유파로 정(淨) 역에서는 처음으로 생긴 독립적인 유파라고 할 수 있다.

[16] **소파**(蕭派): 소장화(蕭長華)가 창시한 축(丑) 유파이다.

[17] **섭파**(葉派): 섭성장(葉盛章)이 창시한 무축(武丑) 유파이다.

[18] **이파**(李派): 이다규(李多奎)가 창시한 노단(老旦) 유파이다.

경극의 대가들

경극은 지금까지 명배우들의 연기 예술을 자랑으로 꼽았다. 처음 1대의 명배우들은 세 명의 노생 배우인 정장경(程長庚)[1], 여삼승(余三勝)[2], 장이규(張二奎)[3]로, 후인들이 '전삼정갑(前三鼎甲)*'이라고 칭했다. 얼마 뒤에 또 다른 세 명의 노생 배우의 이름이 세상에 알려졌는데, 담흠배(譚鑫培)[4], 왕계분(汪桂芬)[5], 손국선(孫菊仙)[6]이며, '후삼정갑(後三鼎甲)'이라고 불렀다. 1920년 전후에 주연을 이끌던 배역(行當)이 단 역으로 바뀌면서 매란방을 대표로 하는 '4대 명단(四大名旦)'이 두각을 나타내었으며, 경극 역시 성숙기에서 전성기로 나아가 생, 단, 정, 축 모든 배역에서 기풍이 다르고 창조성이 풍부한 예술가들이 쏟아져 나와 경극의 황금시대를 이루었다. 경극의 전성기를 풍미했던 이 배우들은 이미 대부분 세상을 떠났다.

경극이 오늘날까지 발전하면서 모두 네 명의 경극계를 대표할 만한 예술의 대가(大師)들이 나왔는데, 앞에서도 언급한 적이 있다. 제1대 대표 인물은 정장경으로, 그는 경극을 창립한 시조로 받들어지고 있다. 그의 인생에서 전반부는 경극의 전신인 휘극(徽劇) 배우였고, 연기 예술의 생애의 후반부는 경극에 헌신하여, 경극의 최초 노생 명배

* **前三鼎甲**: 세 명의 걸출한 인물을 가리키는 것. 봉건 시대 과거 시험에서 가장 높은 단계인 전시(殿試)에서 1, 2, 3등을 '정갑(鼎甲)'이라고 부른 것에서 유래되었다.

좌 1905년 단 역의 명배우인 왕요경(王瑤卿)이 '동경반(同慶班)'에 들어가, 담흠배와 오랫동안 협력하였다. 당시 신문에 게재되었던 두 명배우의 대표작이었던 「남천문(南天門)」의 사진으로, 왼쪽이 왕요경, 오른쪽이 담흠배이다(왕수촌 소장).

우 1931년 여숙암(余叔岩), 매란방(梅蘭芳), 장백구(張佰駒)[7], 제여산(齊如山) 등이 '북평 국극 학회(北平國劇學會)'를 설립하고 주도하였다. 여숙암(오른쪽)과 매란방(왼쪽)이 국극학회에서 한 사람은 북을 치고, 한 사람은 경호(京胡)를 켜고 있다.

우 삼인방 중 한 명이 되었다. 그는 특히 충신과 현장(賢將) 역할 연기에 뛰어났는데, 외적의 침략으로 나라가 어려웠던 시대에 이러한 역할을 빌어 나라에 보답하고자 하는 웅대한 포부를 드러냈다. 그는 공연 중 무대 아래 관중들이 박수치지 못하도록 했는데, 박수가 경극의 엄숙한 사회 교화 기능을 방해할까 두려웠기 때문이다. 정장경의 창강은 드높은 기세를 추구하였으며, 기교(화강(花腔))*를 거의 사용하지 않음으로써 충성스러운 인물의 강직함을 표현하려고 하였다.

제2대 대표 인물은 담흠배로 정장경의 양자였지만, 두 사람의 예술 기풍이 현저히 달랐다. 담흠배의 창강은 부드럽고 세밀하며 연기하는 인물의 영역이 넓고 각 인물의 선명한 개성을 그려내려고 노력하였다. 그는 경극계에 입문한 지 30년도 안 되어 '전통 연극계의 대왕'의 신분으로 경극계 전체를 정복했다. 담흠배는 옛것에서 정수만을 취하여 경(京), 한(漢)의 어음(語音)을 위주로 한 호광운(湖廣韻, 호북성과 호남성), 중주조(中州調**, 하남성)의 어음 계통을 확립함으로써 노생 역의 창강을 새롭게 하고 풍부하게 하였다. 또한 각종 예술적인 수단을 동원하여 인물 형상을 돋보이게 하고 대담한 혁신을 통해 탁월한 일가를

---

* **花腔**: 가곡이나 희곡의 기본 가락을 일부러 굴절시키거나 복잡하게 부르는 가락

** **中州調**: 중주운(中州韻)이라고도 하며, 중국 희곡에 사용되던 운의 하나이다. 중국 근대 희곡 운문에 근거한 운부로 대체로 '피황(皮黃)'의 '십삼철(十三轍)'과 비슷하다.

양소루, 매란방이 함께 공연했던 「패왕별희」의 사진(1922)

장군추(張君秋, 중앙에 있는 연장자)의 무대 생애 60년을 기념하며, 가족들이 함께 「용봉정상(龍鳳呈祥)」을 공연하였다(촬영 왕가신).

이루어 '담파 예술'을 창시하였으며 이원(梨園)의 수장이 되었다.

제3대 대표 인물은 담흠배의 양자인 양소루(楊小樓)이다. 그는 무생 역 배우였으며, 그가 있기 전까지는 어떤 무생도 그와 같은 업적을 이룬 적이 없었다. 후인들은 그를 '무생태두(武生泰斗)'라고 불렀으며 그가 창조해낸 '무희문창(武戲文唱)'의 범례를 찬양하였다. 그의 죽음에 관한 사회적 반향이 매우 컸으며, 많은 경극 팬들은 그때부터 경극이 내리막길을 걷게 될 것이라고 예측하기도 했다.

정파(程派)의 연기자 이세제(李世濟)(촬영 왕가신)

제4대 대표 인물은 매란방(梅蘭芳)이다. 그는 1920년대부터 이름을 날렸으며, 일찍이 담흠배와 양소루의 대대적인 후원을 받아 무대에서 40년 동안이나 활약하였다. 그는 '경파(京派)' 경극의 창조적인 인물로 상해가 발전할 때는 '해파(海派)' 예술로부터도 장점을 흡수하였다. 그 외에도 그는 일본, 미국, 유럽 등에서 공연하여, 경극을 세계적인 수준으로 끌어 올렸다.

1950년대에 이르러 경극 예술은 또 다른 번영기를 맞이하게 되었는데, 창작 붐이 일어, 항렬과 연령이 각기 다른 배우들이 관중들을 위해 색다른 예술적 연기를 보여주었다. 다수의 새로운 작품을 공연

좌 「묘용상로(描容上路) · 소송하서(掃松下書)」는 기파(麒派)의 대표작 중의 하나로, 오늘날에는 자주 볼 수 없으며 인기없는 극이 되어버렸다. 사진은 주신방(周信芳)과 1950년대에 이미 이름을 날린 단 역의 배우인 이옥여(李玉茹)가 극중에서 장광재(張廣才)와 조오낭(趙五娘) 역할을 한 것이다(1955).

우 명배우들이 연기 예술에서 얻은 성취는 다년간의 근면한 학습과 고된 훈련과 불가분의 관계이다. 화갑(花甲)을 넘긴 나이에도 여전히 수련을 계속하고 있는 상소운의 사진이다(1961).

하던 중 이미 탁월한 일가를 이루었던 노생이자 무생인 이소춘(李少春), 단 역의 장군추(張君秋), 조연협(趙燕俠), 관숙상(關肅霜), 소생 역의 섭성란(葉盛蘭), 화검 역의 구성융(裘盛戎), 원세해(袁世海)는 매란방 세대의 사람보다 늦게 이름을 날렸지만 몇 세대의 관중들과 함께 시대와 사회의 변천을 함께 겪었으며, 현대 경극 예술의 전승과 발전에 중요한 공헌을 하였다. 또한 많은 우수한 연기 예술가와 저명한 배우들이 있었는데 그들 중에는 유파의 예술을 계승하면서 발전하였거나 비록 유파에는 속하지 않았지만 오히려 자기의 선명한 예술 기풍과 개성을 가진 사람도 있었다. 단 역 중에서 두근방(杜近芳), 언혜주(言慧珠), 운연명(雲燕銘), 설염금(雪艶琴), 이옥여(李玉茹), 동지령(童芷苓), 조영침(趙榮琛), 이세제(李世濟), 이혜방(李慧芳), 노생 역 중에서 이화증(李和曾), 담원수(譚元壽), 마장례(馬長禮), 화검 역의 상장영(尙長榮) 등이 있는데, 이들 모두 1950~60년대에 무대에서 빛을 발했다. 그 후에도 중국 희곡 학교(中國戲曲學校)를 졸업한 새로운 세대의 배우 중에서 유수영(劉秀榮), 양추령(楊秋玲), 유장유(劉長瑜), 이유강(李維康), 이광(李光), 경기창(耿其昌) 등과 1980~90년대에 배출된 어괴지(於魁智), 조려(刁麗), 장

1930년대 정연추와 유진비가 함께 공연한 사진

건국(張建國), 장화정(張火丁), 경교운(耿巧雲), 진숙방(陳淑芳), 이해연(李海燕) 등이 있는데 이 세대의 새로운 인재들 모두가 중국 경극의 계승자가 되었다.

경극의 감상적인 측면에서 볼 때 정장경 세대의 예인들이 있던 시대는 '듣는 극'의 단계였다면, 담흠배가 노력하여 창조한 것은 '보는 극'의 단계였고 최종적으로 매란방은 '듣고 보는 것을 동시에 하는 것'까지 변화와 발전을 이루었다. 감상한 후에는 품평 단계로서 관중들은 방송, 영화, TV, 인터넷 등 매스컴을 통해 경극을 감상할 수 있어서, 극장은 더 이상 관중을 끌어당기는 유일한 장소가 아니었다.

1| **정장경**(程長庚, 1811~1880): 경극을 창립한 시조로 추앙받는 인물. 도광(道光) 연간 삼경반(三慶班)을 이끌던 아버지 정상계(程祥桂)를 따라 북경에 들어온 뒤, 인생의 전반부는 경극의 전신인 휘극(徽劇) 배우로, 후반부는 경극 배우로 활동하였다. 경극의 최초 노생 명배우 삼인방(정장경, 여삼승, 장이규) 중 한 명이다.

2| **여삼승**(余三勝, 1802~1866): 경극 최초의 노생 명배우 삼인방 중의 한 명. 담흠배에게 예술적으로 깊은 영향을 끼쳐, 담흠배가 그의 예술적 품격을 계승하여 더 발전시켰다. 여삼승의 아들인 여자운(余紫雲)은 단(旦) 배우이며, 손자 여숙암(余叔岩)은 노생 배우이다.

3| **장이규**(張二奎, 1814~1864): 경극 최초의 노생 명배우 삼인방 중의 한 명이다.

4| **담흠배**(譚鑫培, 1847~1917): 손국선(孫菊仙), 왕계분(汪桂芬)과 함께 후기 노생 삼걸(老生三傑)로 불린다. 경극의 노생 연기의 새로운 영역을 개척한 것으로 평가받고 있으며, 중국 경극계에 막강한 영향력을 끼쳤다.

5| **왕계분**(汪桂芬, 1860~1906): 후기 노생 삼걸 중의 한 명. 정장경의 예술적 특징을 계승하였고 아울러 약간의 변화와 발전을 이루었다.

6| **손국선**(孫菊仙, 1841~1931): 후기 노생 삼걸 중의 한 명. 정장경의 문하에서 배웠으나, 장이규의 영향도 받았고, 정장경과 장이규의 창강의 기법을 계승하여 자신의 품격을 형성하였다.

7| **장백구**(張伯駒, 1898~1982): 서화가, 시사(詩詞) 연구가, 경극 예술 연구가 등 많은 타이틀을 가지고 있는 문화 명인. 고궁 박물원(故宮博物院) 전문 위원, 국가문물국 감정위원회(國家文物局鑑定委員會) 위원, 길림성 박물관(吉林省 博物館) 부연구원 등 역임하였다.

명배우 매란방(梅蘭芳)

많은 유명한 배우들과 비교해볼 때, 매란방은 국제적인 명성을 누리는 배우이다. 매란방을 대표로 하는 중국 희곡 연기 예술은 러시아의 스타니슬라프스키(Stanislavskii)[1]와 독일의 브레히트(Brecht)[2]의 희극 예술과 함께 '세계 3대 희극 연기 체계'로 불려, 중국의 경극은 매란방 때문에 세계로 나아갔다.

매란방, 본적은 강소성 태주(江蘇泰州)이며 1894년에 북경의 한 경극 예술 가문에서 태어났다. 여덟 살 때부터 경극을 배우기 시작했고, 주로 화단(花旦) 역을 배워 열 살 때는 북경 광화루(廣和樓) 무대에서 「천선배(天仙配)」[3]를 연기하였으며, 1908년에는 '희(부)연성 희반(喜(富)連成戲班)'에 들어갔다. 1911년에는 북경 각계에서 열리는 경극 배우 선정 활동에서 '국방(菊榜)'을 부쳤는데, 3위를 차지한다. 1913년에, 그가 처음으로 상해에서 공연했을 때 단계 희원(丹桂戲院)에서의 첫 무대에서 「옥당춘(玉堂春)」 등의 작품을 공연했는데 상해를 들썩거리게 했다. 당시 상해 곳곳에서 "매란방 같은 사람을 아내로 맞아야 하고, 주신방 같은 아들을 낳아야 한다."라는 유행어가 생길 만큼 그의 인기는 대단했다. 1915년 매란방은 새로운 작품을 전적으로 연습하여, 북경으로 돌아온 후 시장신희(時裝新戲)인 「얼해파란(孽海波瀾)」[4]을 비롯해서 「항아분월(嫦娥奔月)」[5] 등을 공연하였다. 1916년, 매란방은 세 번째로 상해에 가서 45일 동안 연속으로 공연하였다. 1918년 이후 그는 경극 예술이 최고봉에 이른 절정기에 상해로 이주하였고, 그 후에는 '천섬 무대(天蟾舞臺)'에서 여러 차례 공연하였다.

매란방의 음색, 음질은 낭랑하고(脆) 우렁차며(亮) 감미롭고(甛) 아름다우며(潤) 넓고(寬) 매끄러운(圓) 것을 모두 갖추고 있다. 그러나 남성 단 역 연기자로서 가장 얻기 힘든 상음(嗓音)이 감미로우면서 우렁찬 것인데 그 스스로가 이룬 '매파(梅派)'의 창강(唱腔)은 순박하면서도 유창하고 아름다운 특징을 지니고 있다. 그는 음률과 여러 가지 발음 방법에 정통하여 전통적인 창강을 계승하는 것 외에도 다량의 참신하고 독특한 개성을 가진 창강을 만들어냈으며 심지어는 이전에 거의 사용하지 않았던 전통적인 창강의 판식(板式)도 그의 창조성 때문에 무대에서 널리 유행하였다. 그의 창법에서 혁신적인 것은 노래할 때 인물의 사상과 감정을 결합시켰다는 데 있는데, 배역의 신분에 따라, 극의 내용에 따라 창법도 달라졌다. 그의 대사(念白)는 높낮이와 곡절이 리드미컬하고 구독(句讀)이 분명하며 높은 음일수록 더 간드러져서 그의 대사를 들으면 즐거움, 성냄, 우울함, 상념, 슬픔, 공포, 두려움을 느낄 수 있고, 한 자 한 자 주옥같을 뿐 아니라 시선, 몸짓, 손의 자태와 서로 어우러져서 혼연일체가 된다. 그의 몸동작은 곤곡 연기의 동작의 아름다움을 차입하여 경극 연기를 위한 각양각색의 춤 동작을 만들어냈는데 비단무, 검무, 접시무, 소매무(袖舞), 불진무(拂塵舞), 깃털무 등이다. 동시에 무용극이 아닌 것에도 춤 동작을 많이 넣었는데, 그 몸짓이 아름답지 않은 곳이 없고 화려하고 눈이 부셔서 보는 사람을 매료시켰다.

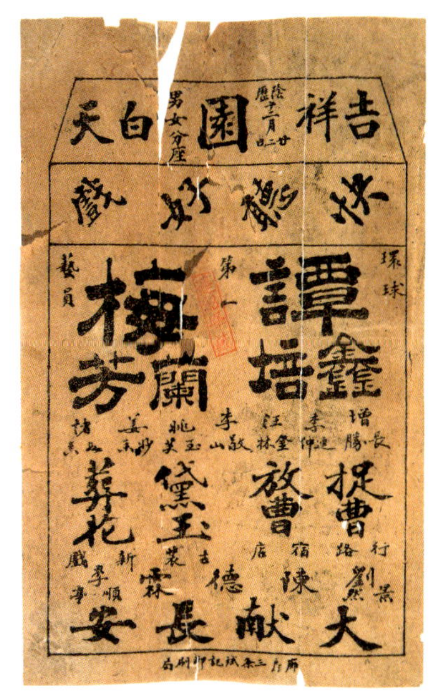

1917년 담흠배와 탑춘합사(搭春合社)가 함께 공연했을 때의 희단(戲單). 희단은 '희보(戲報)'라고도 하는데, 위쪽에 공연 시간, 공연 장소, 제목, 배우와 공연 순서 등의 내용을 명시하고 있다. 한 장짜리 희단은 당시 공연의 기본 상황을 재현할 수 있기 때문에 사료적인 가치가 있다. 수도 도서관(首都圖書館)이 소장하고 있는 『북경구희단집수(北京舊戲單集粹)』는 청 광서(光緖) 말년부터 태평양 전쟁 기간까지 북경의 크고 작은 40여 곳의 다원, 희원(戲園 또는 戲院)에서 인쇄 발행한 희단이 들어 있으며 그 종류가 800종에 달한다.

매란방의 무예극(武打戲) 역시 무용과 무술이 결합된 것으로, 비록 아름다운 것을 위주로 하지만 극 중 인물의 사상과 감정, 신분, 지위에 따라 달라지고 대체적으로 무용이 많고 무술이 적은 수법인데 이것 역시 새로운 발전 중 하나이다.

1919년 4월 매란방은 동경 제국 극장(東京帝國劇場)의 초청을 받아 일본으로 건너가 한 달 동안 「옥잠기(玉簪記)」[6] 등의 경극을 공연하였다. 1921년에 그는 저명한 희곡 전문가인 제여산(齊如山)[7]의 도움으로 유명한 신극(新戲)인 「패왕별희(霸王別姬)」의 각본을 써서 연출하였고 1922년부터는 '승화(희)사(承華(戲)社)'를 주관하였다. 매란방의 연기는 청의(青衣), 화단(花旦), 도마단(刀馬旦)의 연기 방식을 종합하였으며 또한 상해를 풍미했던 문명희(文明戲)[8]의 연기 방법과 신식 무대 배경, 조명 등 신선한 개량 요소들을 받아들였다. 그는 중국 고대의

북경 동성(東城)의 무량대인(無量大人) 골목의 저택을 방문한 프랑스인들

미인도(仕女畵)와 여신의 조각상을 참고하여 인물의 얼굴 화장, 머리 모양, 의상에 이르기까지 창조적인 혁신을 단행하였다. 심지어는 악기 사용에 있어서도, 대담한 시도를 하여 이호(二胡)를 사용하여 경호(京胡)로 이루어지는 단 역의 창강의 반주를 도왔는데, 이는 그의 금사(琴師) 서란원(徐蘭沅), 왕소경(王少卿)과 함께 실험하여 얻은 성과이다. 매란방은 경극의 노래(唱), 대사(念), 동작(做), 무술(打), 춤(舞), 표정, 음악, 의상, 무대 미술에도 모두 독자적인 공헌을 하여, 경극에서 단 역의 표현 수단을 풍부하게 했을 뿐 아니라, 경극 예술에 깊은 영향을 미쳤다.

1927년 북경《순천시보(順天時報)》에서 중국 제1회 단 역 명배우의 선정 작업을 진행하였다. 이 심사에서는 배우의 연기, 목소리, 표정, 동작, 노래, 신극 각색 창작 등 여러 방면의 연기적 재능을 종합적으로 고려해야 했다. 매란방은 기본공이 깊고 목소리가 부드러우며 분장한 모습이 아름다워서 정연추(程硯秋), 상소운(尙小雲), 순혜생(荀慧生)과 함께 '경극의 4대 명단(名旦)'이 되었다. 1931년 9·18 사변 후, 매란방은 상해에서 「항금병(抗金兵)」[9], 「생사한(生死恨)」[10] 등의 경극을 공연하여 애국주의를 고취시켰으며, 아울러 항일 전쟁 시기(1937~1945)에는 수염을 길러 항일의 뜻을 밝혔다. 또 집에 칩거하며 외출하지 않았고, 공연도 거절하여 숭고한 민족의 기개를 표현하였다.

1930년 봄, 매란방은 극단을 이끌고 미국으로 건너가 뉴욕, 시카고, 샌프란시스코, 로스앤젤레스 등지에서 순회 공연을 하여 큰 성공을 거두었다. 그는 현지 사람들에게 중국의 희곡이 사실적인 진실이 아니라 예술적 진실이며 일종의 규격화된 연기여서 생활의 진실보다 더욱 깊고 더욱 아름답다는 것을 인식하게 하였다. 그 기간 동안 그는 미국의 포머나 대학과 남캘리포니아 대학에서 문학 박사 학위를 받았다. 1935년에 그는 극단을 이끌고 유럽으로 건너가 공연과 함께

중국 최초의 컬러 영화 「생사한(生死恨)」의 포스터로 주연은 매란방이다(1949년 상해에서 촬영).

좌 반천무생희(反串武生戲)에서의 고총(高寵) 역할

우 대표 작품인 「귀비취주」의 전형적인 분장

외국의 희극을 살펴보았다. 경극 예술가들 중에서 외국에 가장 많이 나간 것도, 중국을 방문한 외국 예술가의 내방을 가장 많이 받은 것도 단연 매란방일 것이다. 외국인들은 그에게서 중국 경극 연기 예술의 정수와 중국 예술가의 겸손하고 소박한 훌륭한 성품을 보았으며, 매란방 역시 이로 인해 국제적인 명망을 누렸다.

1950년 매란방은 상해에서 북경으로 돌아왔다. 그는 일생 동안 400출 정도를 창작하고 공연하였으며, 자료에서 찾아볼 수 있는 것처럼 그의 레퍼토리만 해도 100출 이상이었는데 그중에는 '청의희'도 있고 '화삼희'도 있어서 생동감 있는 온유함, 강직함, 함축, 고아함, 화려하고 고귀한 중국의 여성 이미지를 만들어냈다. 그의 대표 작품은 「귀비취주(貴妃醉酒)」, 「패왕별희(霸王別姬)」, 「목계영괘수(穆桂英掛帥)」, 「우주봉(宇宙鋒)」[11] 등이 있으며, 그가 길러낸 학생만 해도 100여 명이 넘는다.

1| **스타니슬라프스키**(Konstantin Sergeevich Stanislavskii, 1863~1938): 러시아의 연출가, 배우, 연극이론가. 모스크바에 예술 문학 협회를 설립하였고 모스크바 예술극장을 창립해 지도했다. 사실적인 수법으로 무대를 시적 상징으로까지 높인 독자적인 '스타니슬라프스키 시스템'을 확립했으며 사회주의 리얼리즘의 최고봉이라 평가되었다.

2| **브레히트**(Bertolt Brecht, 1898~1956): 독일의 시인, 극작가. 제1차 세계대전 중에 위생병으로 육군병원에서 근무하였다. 반전적이며 비사회적 경향을 보였다. 제대 군인의 혁명 체험의 좌절을 묘사한 「밤의 북소리」(1922)로 클라이스트 상(賞)을 수상하였다.

3| 「**천선배**(天仙配)」: 농부와 천상의 선녀가 서로 사랑하는 이야기이다.

4| 「**얼해파란**(孽海波瀾)」: 창기로 팔려가는 기녀를 구해주는 이야기이다.

5| 「**항아분월**(嫦娥奔月)」: 중국 고대 전설 중 달에 산다는 선녀의 이야기이다.

6| 「**옥잠기**(玉簪記)」: 서생과 비구니가 서로 사랑하는 이야기이다.

7| **제여산**(齊如山, 1877~1962): 희곡 이론가. 독일어, 프랑스어에 능통하였으며 일찍이 유럽으로 건너가 학업과 사업을 하면서, 오페라를 접했다. 30여 종의 전문적인 희극 학술 저작을 출판하였고, 경극의 사료(史料), 명대사(名詞), 검보(臉譜), 분장, 등장과 퇴장, 무대 의상과 소도구, 음운 등에 대해 많은 노력을 들여서 연구하고 고증하였다. 매란방이 공연했던 많은 작품이 모두 그에게서 나왔다.

8| **문명희**(文明戲): 20세기 초 일부 일본 유학생들이 중국에 들여온 신식 무대극으로, 연극(話劇)의 전신이다. 현실 생활을 잘 반영하고 있으며, 극본이 있는 창작물이다. '구극(舊戲)'이라는 전통 경극에 대해 상대적으로 불린 이름이다.

9| 「**항금병**(抗金兵)」: 남송 장군이 금나라 병사의 침입에 저항하는 이야기이다.

10| 「**생사한**(生死恨)」: 남송 시대 금나라 군대가 침입했을 때 어느 부부의 이별 이야기이다.

11| 「**우주봉**(宇宙鋒)」: 일반 백성의 딸인 조염용(趙艷容) 일가가 간신의 음해를 받았는데, 자신의 정조를 지키기 위해 미친 척하여 황제의 후궁이 되지 않은 이야기이다.

희반(戱班)과 과반(科班)

희반(戱班)은 민간의 공연 단체로서 1940~50년대 이전에는 모두 희곡 배우들의 주요 조직이었으며 또한 중국 희곡 무대의 주체였다. 오늘날에 이르기까지 여전히 적지 않은 장르의 희반이 중국 각지의 향촌에서 활약하고 있으며, 민간의 각종 경축 행사 및 오락 활동에 참여하고 있다. 희반은 중국에서 유래가 오래되었는데 7, 8세기에 이미 각지를 떠돌아다니는 유랑 희반이 있었으며 청대에는 '승평서(升平署)*'가 있어서 희반을 전문적으로 관리하였다.

희반은 대부분 가족으로 구성되었다. 그들은 공연하는 중에 스승이 제자에게 재주를 전승하였으며, 귀와 입으로 서로 교류하면서 계속해서 기예를 발전시켜 나가서, 창강 및 연출 장면의 완성도를 날로 높여갔다. 여러 지역 관중들의 감상 취향에 맞추기 위해서 다른 희극 장르의 대본, 작품 및 연기를 모델로 삼기도 하였을 뿐 아니라 충분한 작품을 준비하여 관중을 끌었다. 직업적 희반은 재주를 팔아 살아가기 때문에 각지를 돌아다니며 여러 지역에서 공연을 하였으며 생활비는 전적으로 공연에 대한 보수에 의존하였다. 그들은 대부분 임시로 만든 무대와 천막 안에서 먹고 잤으며, 교통비 역시 스스로 부

* **升平署**: 청대에 궁정의 연극 공연을 관장하던 기관. 궁정 내에서 매번 중요한 절기, 경축 행사 및 일상적인 공연이 있을 때마다 모두 승평서에 소속되어 있는 배우들에 의해 승인되었다. 배우들 중에는 궁내의 내시도 있었고, 민간의 직업 배우도 있었다.

담해야 했다. 희반 간의 경쟁과 천재(天災) 및 인재(人災)로 인한 어려움 때문에 때로는 더 이상 버틸 수 없는 비참한 상황도 생겼다. 희반의 배우들은 대대손손 전해 내려온 규정을 엄격히 지켰고 독특한 생활 습속을 가졌다. 많은 예인들이 희반 생활의 어려움을 잘 알고 있기 때문에 자녀들이 자기와 같은 길을 걷기를 원하지 않았지만 어쩔 수 없이 생계를 위해 짙고 두텁게 연지를 바르고 오색 무대 의상을 걸친 채 무대에서 감동적인 한 출(出) 또 한 출의 희극을 연기할 수밖에 없었다. 이것이 바로 대대로 이어지는 민간 예인의 인생이었다.

최초의 경극 희반은 다양한 배역, 작품 및 역할에 능한 예인들로 구성되었다. 극단 내 구성원은 쉽게 맞바꾸거나 떠날 수 없었고 각 배우들의 예술적 수준 역시 별로 차이가 없어서 모든 사람의 수입이 비슷했다. 한 희반 내의 배우들은 함께 공연하였고 주연과 조연의 차이가 없었기 때문에 배우와 희반의 관계 역시 비교적 안정적이었다. 이러한 체제는 후에 '배우가 극단을 고르는 제도'로 변하면서, 연기가 뛰어나서 관중의 많은 사랑을 받는 지명도 있는 예인은 희반을 직접 선택하여 주인공을 맡았다. 명배우들은 자연히 주인공을 연기하고 다른 배우들은 그를 위한 조연으로 공연하였으며 조연 배우들도 수준에 따라 주요 조역과 보조 조역으로 구분되었다. 공연을 순조롭게 완성시키기 위해서 배역의 배치도 함께 고려해야 했는데 연기하면서 서로 묵시적으로 협력하였다. 각 배역에는 전용 금사(琴師), 고사(鼓師)가 있을 뿐 아니라 전문적으로 도구를 관리하는 '검장(檢場)'도 있었다. 만약 단 역이라면 여기에 전문적으로 '머리를 빗겨주는 사람'도 있었다. 배우의 수입이 작품에 따라 다르게 계산하는 것으로 바뀌면서 경쟁이 강화되고 배우들의 희반 간의 이동을 촉진시켰다.

희반에는 '문(文)'과 '무(武)'의 구분도 있었는데 문반(文班)은 노래(唱功)가 장기였고 문희(文戲)를 연기했으며 무반(武班)은 무예에 능하고 전문적인 무반(武班)의 작품이 있었다. 무반의 배우들이 문반의 일부 상황에 투입되어 문반의 공연에 무희 및 무술 연기를 가미시켜 예술성을 풍부하게 하고, 작품의 수준도 향상시켰다.

뛰어난 경극 연기 예술가들 중 상당수는 무대에서의 주인공일 뿐 아니라 희사(戲社)의 사장인 경우도 많았다. 한 편의 경극 작품을 창작하기 위해서는 각본, 감독, 작곡, 무대 미술 디자인 등이 모두 참여해야 하며, 무대 연습은 명배우의 연기 예술을 발휘하는 데 유리하게 진행되었다.

구시대의 희반은 모두 엄격한 등급제였다. 희반의 관리자는 반주(班主)라고 부른다. 희반에서 예술 수준이 가장 높은 사람을 '교희(教戲) 선생'이라고 했는데 그들은 각본, 음악, 감독의 역할을 혼자 담당했고 어린 배우들의 양성 및 상벌에 대한 책임을 졌으며, 어린 배우들을 체벌할 때 주집행자였다. 그들의 기예의 수준이 희반의 예술 수준을 결정했다. '사부(師父)'라고 불렸던 사람들은 어느 정도의 예술 수준, 자유 신분, '반주'에게만 고용되어(계약의 형식으로) 있는 월급을 받는 예인이었다. 어린 배우가 몸을 판 기간이 다 차서 한 배역의 예술을 배우면, 다른 희반에 고용되거나 혹은 사부의 자격이 생긴다. 지

이것은 《국극화보(國劇畫報)》에 실린 북경 유일의 여성 과반(科班)인 숭아사(崇雅社) 학생들의 단체 사진이다. 숭아사는 1916년에 세워졌다.

4대 명단(名旦) 중 한 명인 상소운은 청의, 화삼, 도마단, 무단에 능했을 뿐 아니라 무생 연기까지 할 수 있었으며 아울러 희곡 교육에 공헌한 바가 큰 탁월한 교육가였다. 북경 선무구(宣武區)의 3대 과반 중 하나인 '영춘사(榮春社)'는 바로 그가 1936년에 세운 것으로 570여 명의 학생을 받았다. 사진은 그가 신입 제자들에게 기예를 전수하는 것이다.

위가 가장 낮은 것은 어린 배우(童伶)이다. 당시 적지 않은 어린 배우들이 가정 형편이 어려워서 희반에 팔려온 아이들이었으며 몸을 팔 때 부모의 입회하에서 신체 매매 계약을 하였는데 가격, 계약 기간 등 이외에도 그의 생사(生死)는 희반과 무관하다는 것을 명확히 써야 했다. 어린 배우들은 인간의 자유를 박탈당했으며 부모의 방문도 허락되지 않았다. 희반의 아이들은 아직 글자도 모르는 나이에 벌써 경극을 배우기 시작했고 희극 연기자인 부모 혹은 다른 선배에게 경극을 배우며 동시에 약간의 문화도 배웠다. 이러한 잔혹한 경극계의 제도는 1950년대 이후 사라졌다.

중국의 희곡 교육 역사는 오래되었다. 8세기 초에 황실에 설치된 교방(教坊)은 가무, 백희(百戲)*의 교습, 연습과 공연 사무를 전문적으로 관리하였다. 민간의 교습 활동은 대부분 스승이 제자에게 전수하고, 재주와 학문이 가문 대대로 전해지는 방식으로 희곡 인재를 양성하였다. '스승 밑으로 들어가 재주를 배우는 것'과 '가문 대대로 전해오는 재주를 배우는 것' 모두 규모와 기능 면에서 피할 수 없는 한계가 있어서 19세기 말에서 20세기 초까지는 규모가 비교적 큰 과반(科班)이 등장했다. 예를 들어 섭춘선(葉春善)이 주도하는 유명한 '희련성(喜連成)**', 유진정(兪振庭)이 주도하는 '문무경예(文武慶藝)' 과반이 있었는데 많은 유명한 경극 배우들이 모두 이러한 과반 출신이었다. 희곡 과반은 각지에서 계속 창립되었으며 북경에서 비교적 유명했던 단 배우인 상소운(尙小雲)이 주도하는 '영춘사(榮春社)', 무생 배우인 이만춘(李萬春)이 주도하는 '명춘사(鳴春社)' 및 초국은(焦菊隱), 김중손(金仲蓀)이 차례로 교장을 역임한 '중화 희곡 전과 학교(中華戲曲全科學校)'가 있었고 상해, 서안(西安), 천진(天津)에도 비교적 규모가 큰 희곡 학교가 성립되었다.

경극의 교육 체제로 볼 때, 이른 시기에 '스승 밑에 들어가 재주를 배우는 것' 또는 '큰 극단이 작은 극단을 키우는 교육 방법'과 비교할 때, 과반의 훈련이 훨씬 정규적이고 전문적이었다. 전문 교사가 있었고, 체계적인 교수법도 마련되어 있어서 과반에 들어온 아이들은 어릴 때부터 체계적이고 견실한 기본기를 훈련할 수 있었으며 이에 따라 배역과 기예의 숙련도가 훨씬 높아져 많은 우수한 경극 배우들이 배출되었다. '희(부)연성사'가 설립된 지 44년이 되었는데, '희(喜), 연(連), 부(富), 성(盛), 세(世), 원(元), 운(韻)'의 일곱 개의 과에 학생수가 700명에 이르며, 모든 과에서 경극 무대에서 몇십 년 동안 활약했던 명배우들이 배출되었다. 예를 들어 뇌희복(雷喜福)[1], 후희서(侯喜瑞), 마연량(馬連良), 담부영(譚富榮), 구성융(裘盛戎), 원세해(袁世海) 등이다. 희

* **百戲**: 잡기, 즉 갖가지 곡예

** **喜連成**: 후에 '부련성(富連成)'으로 이름을 바꾸었다.

* **戱曲實驗學校**: 후에 '중국 희곡 학교'로 개명

연성사는 경극 역사상 역사가 가장 길고 규모가 가장 크며 인재를 가장 많이 배출해낸 과반이다. 수많은 희극 인재를 양성하였을 뿐 아니라 경극의 우수한 작품을 보존, 정리, 창작하여 중국 경극 예술의 계승, 발전을 위해 선인들의 뒤를 이어 새로운 것을 창조해내는 중요한 공헌을 하였다. 영향력 역시 커서 당시의 희극 팬들은 희원자(戱園子)에서 경극을 들을 때 자신들이 마치 희연성사의 훈련생인 것처럼, 선후배를 따지기도 했는데 예를 들면 "어떻게 당신이 '세(世)'과야? 그러면 내가 당신보다 높네. 나는 '성(盛)'과거든…."과 같은 농담 섞인 대화가 오갔다.

1949년 중화인민공화국이 성립된 후 희곡 예술 교육은 정부의 도움을 받게 되었다. 1950년 북경에서 첫 번째로 신식 희곡 예술 교육기관인 '희곡 실험 학교(戱曲實驗學校)*'가 세워져 전국의 학생들을 받았다. 학교가 세워진 초기에 학교는 몇몇 신문화(新文化) 종사자와 '부연성' 등 과반의 유명한 교사를 초빙하고, 아울러 국내외에서 명성이 높은 매란방, 상소운, 정연추, 순혜생 등 명사들을 모셔와 수업을 맡기니 막강한 교수진을 형성하였다. 1950년대 이래로 5,000명에 가까운

1960년대 북경 희곡 학교 교장을 역임했던 마연량 선생이 학생들에게 희곡에 대해 설명하는 것이다. 스승이 몸소 말과 행동으로 가르치는 것은 중국 희극의 독특한 교육 방식이다 (1962).

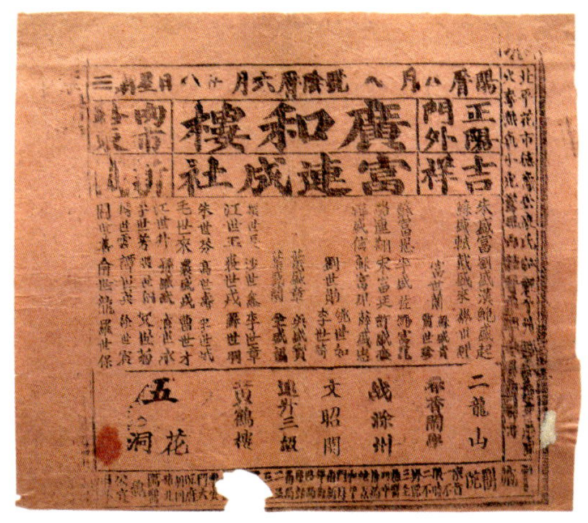

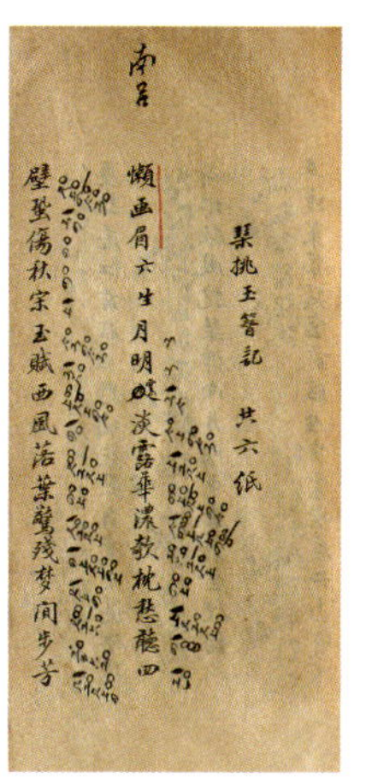

좌 광화루(廣和樓)는 북경 전문외대가(前門外大街)에 있는, 유구한 역사를 가진 희곡 공연장이다. 사진은 희(부)연성사가 공연할 때의 희단(戲單)이다. '희(부)연성'은 경극 과반으로 경극 배우를 양성한 학교이며, 청 광서(光緒) 30년(1908)에 설립되어 1948년 문을 닫을 때까지, 모두 일곱 개의 반(과)를 운영하였으며, 모든 학생들은 희(喜), 연(連), 부(富), 성(盛), 세(世), 원(元), 운(韻)의 순서로 학년이 올라간다(왕수촌 소장).

우 「금도(琴挑)」(「옥잠기(玉簪記)」)의 곡보(曲譜), 강소 소주(江蘇蘇州) 출품. 청대의 희곡 사보(詞譜)는 여러 사람의 손으로 베꼈다. 배우들은 곡보에 따라 가사(唱詞)를 배우고 사부에게 교습을 받았다. 금사(琴師)의 반주도 곡보에 따라 연주되었는데, 곡보에는 서양음악에서 사용하는 간보(簡譜)**와 오선보는 없다(왕수촌 소장).

중·고급 인재를 양성하였으며 이들이 전국 각지의 무대 위아래, 극장 내외에서 활약하고 있다. 많은 졸업생이 이미 각본, 연기, 감독, 음악, 무대 미술, 교육, 연구, 관리, 희곡 보급, 문화 선전 등 각종 분야에서 중추적인 역할을 하고 있으며 희곡 예술을 계승, 창조, 발전시키는 인재군을 형성함으로써 오늘날 중국 희곡 사업 발전의 근간이 되고 있다. 1978년 중국 희곡 학교가 확대 건설되어, '중국 희곡 학원(中國戲曲學院)*'으로 승격되었으며, 현재는 중국 유일의 희곡 고등 교육 기관이 되어 희곡 작품, 연기 단원, 중등 예술 학교 및 라디오 방송, TV 방송, 문화관 등과 관련된 중·고급 희극 인재를 키워내는 막중한 임무를 담당하고 있다. 그 외에 북경시, 상해시, 천진시, 산서성, 하북성, 산동성, 강소성 등지에도 희곡 학교가 세워져서, 직업적인 희극 배우(경극 각 배역 배우들 포함)를 양성하고 있다. 이러한 학교는 외국 유학생에게도 중국 희곡 연기 예술을 전수하고 있다.

* **中國戲曲學院**: 학원(學院)은 중국에서 단과 대학의 개념이다.

** **簡譜**: 숫자로 표현한 악보

1| **뇌희복**(雷喜福, 1894~1968): 노생 배우로 주로 주공노생(做功老生)을 연기했다. 부연성사(富連成社)에서 노생 교사로서 후진을 양성하였다.

여러 가지 공연 형식

극장식 공연

도시에 토대를 마련한 희반은 고정된 공연 장소와 계약을 통해서 일종의 순번 공연의 제도를 만들었다. 어떤 희반이 언제 어디에서 공연하는지에 대해 정해진 일정이 계획되어 있고 공연 장소와 공연 단체가 안정되어 있으며 희반 내부의 구성원 역시 비교적 안정적이었다. 공연은 보통 정오에 시작해서 작품을 세 부분으로 나누어 진행하는데 '조축(早軸)', '중축(中軸)', '대축(大軸)'이라고 한다. 공연은 황혼 무렵 해가 질 때까지 계속되며, 노래(曲)가 끝나고 사람들이 흩어지면 야간 공연은 하지 않았다. 작품 내용은 사전에 관중들에게 알려주지 않고 공연 전에 임시로 무대 위에 붙여 놓았는데, 이것이 바로 최초의 '희단(戲單)'이다. 관중들은 사전에 각 배우들이 연기하는 작품을 알지는 못하지만 어떤 희반이 공연하는지를 알면 희반의 구성원 및 대표 작품을 짐작할 수 있게 된다. 극장식 공연은 장소도, 희반도, 구성원도 안정적이어서 연기 예술이 규범화된 경로로 발전할 수 있도록 하였고 이러한 발전을 통해 연기 예술의 유파가 형성되기 시작했다.

묘회(廟會)의 큰 무대

경극 초기의 비교적 고정적인 무대는 아마도 북경 전문(前門) 밖의 광화루(廣和樓) 및 그 주위에 있는 지방 회관(일부 잘 차려놓은 회관 중에는 무대가 있었음)이었을 것이다. 더 일찍 경극 혹은 그 전신이었던 휘극이 도시에서 공연된 곳은 바로 묘회(廟會)였는데 그곳은 평민들의 진정한 낙원이었다.

100~200년 동안 북경성의 묘회는 몇 차례나 성쇠를 거듭하였다. 내성(內城)의 동쪽과 서쪽에 각각 가장 큰 묘회가 있었는데 '동묘(東廟)'인 융복사(隆福寺)와 '서묘(西廟)'인 호국사(護國寺)이다. 1950년대에 이르러 동서 양묘 이외에 백탑사(白塔寺)가 생겨남으로 인해 북경 내성의 묘회는 '세 세력이 정립하는' 국면이 되었다. 묘회에서는 경극을 모방하여 만들어진 골계희(滑稽戲) 외에도 천막을 두르고 평희(評戲)를 부르는 곳이 있었는데 보통 들어가기 전에 먼저 표를 샀다. 수준이 낮은 극단인 경우 듣던 사람들이 마음대로 들락날락거리고 극단 사람들이 10분마다 작은 소쿠리를 들고 관중 앞에서 돈을 거두었으나 돈 내는 것을 강요하지는 않았다.

경극이 희원자(戲園子)에 들어가기 전에는 바로 묘회와 같은 곳에서 공연하며 생계를 이어갔고 그와 함께 각종 장사를 하는 노점상 및 할 일 없이 묘회를 한가함에 소일거리 삼아 드나드는 사람들도 있었다. 묘회를 둘러보는 사람들은 대부분 특별히 뭘 사러 온 것도 아니고 아무 일도 없이 들어가서 유유히 몇 바퀴 돌기도 한다. 호주머니에 돈이 있으면 간식거리나 약간 사서 맛보고 흥미가 있는 사람은 온 김에 천막 안에 들어가서 경극을 감상하기도 한다. 묘회에서는 활발하고 생동감 있게 백성들의 생활을 반영하고 있는 '짧은 극(小戲)'이 더 환영을 받았으며 '궁정극(宮庭戲)'의 공연은 즉흥적으로 생활과 관련된 각색을 거쳐야만 민중의 취향에 맞았다.

위에서 말한 것은 도시의 경우이다. 농촌에서는 이러한 생동감 있

공왕부대희대(恭王府大戲臺). 공왕부(恭王府)는 북경 서성구(西城區) 전해서가(前海西街)에 있으며, 1777년경에 지어졌는데 북경에 있는 규모가 가장 큰 왕부이다. 공왕부의 희루(戲樓)는 그 안에 지어졌는데 면적이 685m²에 이른다. 벽과 안의 지붕은 등나무로 채색되어 연극을 보는 사람은 등나무 선반 아래 앉아 있는 것 같았고, 대청 안에는 등이 20개나 걸려 있으며, 바닥에는 네모난 벽돌이 깔려 있고, 안에는 팔선탁자(八仙桌)와 태사 의자(太師椅)가 배치되어 있었다. 남면이 무대인데, 무대는 자색의 딱딱한 나무에 꽃이 조각된 간막이로 무대와 분장실로 나눠어졌다. 지금도 매일 저녁 경극과 곤곡이 공연되고 있으며, 일하는 사람들이 청나라 때의 복장을 입고 관중에게 차와 간식 등을 제공한다(촬영 장조기).

고 살아 움직이는 희극 공연이 정기적인 장(集市)에서나 혹은 사통팔달한 집산지에서 이루어졌다. 경극이라는 고전 예술이 시장, 묘회, 희원자와 같은 곳에서부터 한걸음 한걸음씩 도시 사람들의 시야에 들게 된다.

당회의 작은 무대(堂會小舞臺)

'당회(堂會)'는 '당회희(堂會戲)'라고도 부르며, 명나라 말부터 1949년까지 북경성 내에서 이루어졌던 중요한 연극 형식이다. 개인이든 임시 단체이든 어떤 희반자(戲班子) 혹은 희반 내에 있는 몇 명의 배우들을 부르거나 초청해서 상업 극장 외의 장소를 빌려서 공연하는 것을 모두 '당회'라고 한다.

당회는 몇몇 큰 부자가 새해를 맞거나 명절을 지낼 때 혹은 좋은 일을 치를 때 주로 하는 것으로, 공연 규모가 크지 않아서 주인집의 저택, 회관, 식당에서 이루어졌고, 한번 시작하면 종일 또는 적어도 반나절 동안 이루어졌다. 때로는 일종의 '(대)자선 공연'이라고 부르

영화 「인귀정(人鬼情)」의 장면으로 황촉근(黃蜀芹) 감독의 1987년 출품작이다. 유명한 '여무생(女武生)'인 추운(秋芸)이 처음으로 연기했던 귀신극(鬼戲)이며, 명성을 떨쳤다. 이 여배우 자신과 그가 했던 역할인 종규(鍾馗)*의 운명에 통하는 점이 있었을까? 사회적 편견, 은사에게 쫓겨남, 사랑의 실패 등의 상처가 무대에서 빛을 발했던 그녀에게 생활의 무거운 짐을 짊어지게 했으니, '인생이 연극과 같고, 연극이 인생과 같다'는 탄식이 절로 나온다.

는 공연(예를 들어 이재민 구호)도 하였는데, 이 경우 공연에 참가하는 배우 또는 희반이 비용을 부담하는 것이 아니라 당회의 주최인이 기부하였다. 작품과 배우는 모두 특별히 구성된 것이며 당회의 주인은 작품을 선택할 수 있고 또한 임의로 어떤 배우를 지적하여 어떤 부분을 공연해달라고 할 수 있었다. 배우들은 각 희반에서 우수한 사람들을 선택하는 것으로 돈만 있으면 모실 수 있기 때문에 북경 전체의 명배우들이 모두 모일 수 있었다.

당회의 관중은 일반 극장처럼 아무나 오는 것이 아니고 공연 장소의 질서, 위생 상태 등이 상업 극장보다 좋았다. 당회를 열 때는 희반 주인의 제약을 받지 않고 당회 주최자가 가장 좋아하는 희극을 한 자리에 모아 공연하도록 할 수 있었다. 보통 당회 공연의 수준이 상업 극장에서의 공연보다 높다고 하는데, 당회의 개최자가 분장을 하고 특별 출연하거나 심지어는 유명한 전문 배우와 함께 공연할 때도 있어서 '당회희'의 공연 수준은 극과 극이 되기도 하였다. 당회에서는 연회를 베풀기도 했고, 여자 식솔들도 경극을 감상할 수 있었는데(어

* **鍾馗**: 중국에서 역귀를 쫓아 낸다는 신

성석산(盛錫珊)이 그린 묘회의 모습

떤 때는 주렴 뒤에서 또는 윗층에서), 상업 극장에서 여성들의 관람을 금지하던 시기에도 이러했다. 당회 공연에 참여한 명배우의 수입은 평상시 희반 내에서 하는 공연보다 많으면 많았지 적지는 않았다. 물질적으로 상당히 풍족한 조건 때문에 당회의 공연은 경극 연기의 정수를 보여주었고 공연 예술의 질도 일반적인 공연보다 높았다. 각 극단의 명배우들이 같은 무대에서 재주를 보여주고 같은 장소에서 기예를 겨루는 기회를 만들었으며 그들의 기예를 토론하고 연구하며 기본공을 비교하는 자리이기도 했다.

아마추어 배우(표우(票友))의 공연

기록에 따르면 청대 건륭(乾隆) 연간에 경극의 아마추어 배우가 나타났다고 한다. 그들은 경극에 푹 빠져서 무대에서 연기까지 할 수 있는 아마추어 애호가로 보통 몇 출(出)을 부르는 것은 보통이고, 배역을 나누고 유파도 생겨났다. 대다수는 자기 직업이 있지만 경극을 감상하고 연습하는 것을 인생의 큰 즐거움으로 여겨 거기에 심취해 있는 사람들이다. 그들은 의식적으로 일부 전문 배우들과 친분을 맺고 무대 위아래, 경극계 안팎의 일에 대해 큰 관심을 가지고 있는데 거의 축구의 광팬 수준의 열정을 가지고 있다.

아마추어 배우들 중에는 전문 배우보다 문화 수준이 높은 사람도 드물지 않아서 경극 예술을 연구하는 것을 즐겼는데, 예를 들면 극본의 구조, 노래 가사(唱詞), 창강(唱腔), 자운(字韻), 및 연기의 몸짓과 여러 유파의 연기 기풍 등을 연구하였다. 일부 유명한 아마추어 배우들은 모두 '문(文)'과 '무(武)'에 모두 능하였으며 어떤 사람은 심지어 화검희(花臉戲), 노생희(老生戲)를 비롯하여 청의희(青衣戲)까지도 할 수 있었는데, 더 잘하려고 노력하는 태도와 심취한 정도가 일반적인 경극 팬들과는 비교할 바가 아니었다. 예인의 예술 경지보다 더 높은 배우들도 있었고, 경극에 관한 탁월한 견해를 제시하기도 하였다. 아마추어 배우들의 부족한 점은 무대 경험이 적고 극장 효과, 관중 반응이 전문 배우들만큼 민감하지 않다는 것뿐이다. 초기 경극 배우들은 아마추어 배우들과 가까웠으며 아마추어 배우가 원래의 직업을 버리고 전문 배우가 된 경우도 있었다. 아마추어 배우는 경극 관중의 핵심적인 힘이었으며, 관중들의 전체적인 감상 수준은 물론이고 배우의 연기 수준까지 높이는 작용을 하였다.

아마추어 배우들의 공연은 규모가 비교적 작고 스스로 즐기기 위

좌 노천에서 공연되는 야외 무대극(野臺戲)은 생활의 숨결이 충만하여 순박한 시골일수록 이러한 공연 형식이 더욱 환영을 받았으며 공연 장면이 시끌벅적할수록 더욱 활기가 있었다. 이것은 유명한 단 역 배우인 양춘하(楊春霞)가 하북(河北)의 농촌에서 전통 작품을 공연한 것이다(1980).

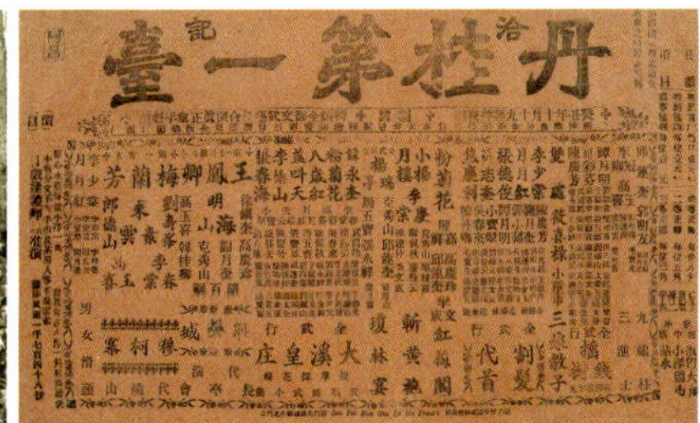

丹桂第一臺

우 1913년 매란방이 처음으로 상해 단계희원(丹桂戲院)에서 공연할 때의 희단(戲單)

한 것 위주였기 때문에 보통 비영리적인 것이었으며 어떤 이들은 심지어 돈을 쓰면서 공연을 하기도 했다. 아마추어 연기자들이 모이는 곳을 '표방(票房)'이라고 부르는데 어떤 회원의 집일 수도 있고 공공 장소일 수도 있다. 그들은 주로 노래를 하지만 반주에 쓰이는 악기 역시도 스스로 연습한다. 하나의 완전한 표방이라고 불리기 위해서는 적어도 세 부류의 아마추어 배우들이 참가해야 하는데, 즉 노래하는 자, 반주하는 자와 보면서 즐기는 자이다.

경극을 배우는 아마추어 배우들은 보통 문장(文場)의 세 종류의 주요 악기인 경호(京胡), 이호(二胡), 월금(月琴)만을 배웠으며, 때로는 삼현(三弦)이 더해지기도 한다. 만약 '무장(武場)'의 징과 북이 있다면 그것은 정말 신경 쓴 것이다.

오늘날까지도 중국의 많은 도시의 작은 화원에서는 매일 함께 모여서 금(琴)을 켜며 희곡을 노래하는 아마추어 배우들을 볼 수 있는데, 비록 그들 중 대부분의 사람들은 전문 배우들과 접촉할 수 있는 기회는 없지만 그들은 열심히 경극 예술을 연마하고 서로 기예를 토론하며 금을 켜는 사람이든, 노래하는 사람이든 초식 하나하나를 전문적인 수준까지 이르게 하려고 애쓰고 있다. 아마추어 배우들의 활

1925년 매란방이 북경에 있는 벨기에 회사에서 당회희를 공연하고 있다.

주말이 되면 함께 모여 기예를 닦는 아마추어 배우들

동시간은 비교적 고정적이어서 이러한 규칙적인 연습이 그들의 여가 생활을 풍부하게 해주기 때문에 표방의 매력이 서서히 커지고 있다. 북경, 상해 등 대도시에서 경극 표방은 오히려 갑작스럽게 증가하는 상황을 보이고 있는데, 그곳의 아마추어 배우들은 약간은 엉성한 조직을 구성하여 정식 무대에 올라 아마추어 배우 대전을 열기도 한다. 북경에는 외교부를 퇴직한 한 대사(大使)가 속해 있는 경극 표방이 생긴 지 2년 쯤 되었는데 수십 명의 경극을 애호하는 외교관들이 참여하고 있으며 그들은 정기적인 공연 계획을 가지고 있을 뿐 아니라 저명한 경극 배우를 초청하여 기예를 전수받고 있다. 북경과 상해 두 지역에서는 최근 '국제 표방'도 출현하였다. 이 표방은 선명한 시대적 특징을 '재생'하고 있는 것으로 경극을 좋아하는 많은 사람들이 자발적으로 함께 모여 즐기는 문화 휴식 방식으로 유행하고 있다.

경극의 전성기

경극이 가장 흥성했던 시기는 1920~30년대였다. 당시의 북경성에 몇 개의 극장이 있었는지를 세어보면 이러한 결론을 내릴 수 있다. 1937년을 예로 들면, 전문(前門) 밖 동쪽의 광화루(廣和樓)와 화락(華樂), 전문 밖 서쪽 대책란(大柵欄) 일대에는 광덕루(廣德樓), 삼경 희원(三慶戲院)과 경락 희원(慶樂戲院), 양식 상점 거리(糧食店街)에 중화 희원(中和戲院), 서주시구(西珠市口)에 제일 무대(第一舞臺)가 있었다. 그 외에도 개명 희원(開明戲院)과 화북 희원(華北戲院)이 있었다. 당시 내성(內城)에도 더 이상 극장 건축을 금지하지 않아서 동성(東城)의 동안 시장(東安市場)에는 길상 희원(吉祥戲院)이, 서성(西城)의 서단(西單)에는 합이비 희원(哈爾飛戲院)이 있었다. 후에 서장안가(西長安街)의 서구(西口)에 장안대희원(長安大戲院)이 세워졌고, 또한 그곳에서 서쪽에는 신신 희원(新新戲院)이 생겼다. 나중에는 이 두 곳이 더 성공하여 합이비 희원(哈爾飛戲院)을 무너뜨렸다. 이렇게 볼 때 당시 북경 전체에만 이미 10여 개의 희원이 있었는데, 당시의 북경성은 현재만큼 크지 않았고 외성(外城) 역시 전문 바깥쪽은 번화하였으나 그 외에는 황량한 교외였다.

1920~30년대에 경극은 상당히 유행하는데, 그것은 중요한 문화

1920~30년대의 북경. 낙타의 대열이 시내로 들어갔다.

길가에서 간식거리를 파는 노점상

형식이자 여가 생활이었으며, 또한 많은 사람들의 중요한 문화 생활이어서 같은 시대의 다른 예술 장르와 비교해볼 때, 절대적인 우위를 차지하고 있었다. 유명한 생리학 교수이자 경극 연구 전문가이기도 한 유증복(劉曾復) 선생은 자신의 청년 시절 청화 대학에 다닐 때를 추억해보면, 매주 쉬는 날마다 시내로 돌아와 첫 번째로 하는 일이 가장 좋은 공연을 하는 희원을 골라 인이 박히도록 경극을 보는 것이었상 1932년 '국극학회(國劇學會)'가 창간한 《국극화보(國劇畫報)》, 경극 역사 연구논문, 경극 이론과 배우의 연기에 관한 지식을 실었다.

하 1927년 북경 《순천시보(順天時報)》가 개최한 중국 제1회 단 역 명배우 평선. 사진은 그 해의 투표용지

다고 한다. 한 번은 그에게 독일어를 가르치는 외국인 선생님이 일요일 저녁에 시내에 들어가 친구의 결혼식에 참석해야 하기 때문에 월요일 아침의 독일어 수업을 어쩔 수 없이 휴강하겠다고 하였다. 일요일 저녁 유증복이 희원자(戲園子)에서 경극을 보고 있을 때 독일어 선생님이 자신의 앞쪽에 앉아 있는 것을 발견했다. 스승과 제자 두 사람은 말없이 마주 보고 웃을 뿐이었다.

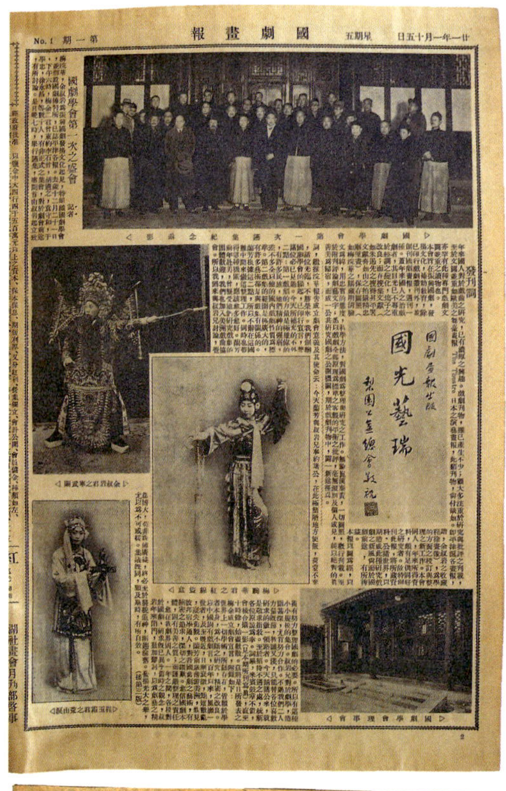

國劇畫報

第一期 No.1

廿一年一月十五日 星期五

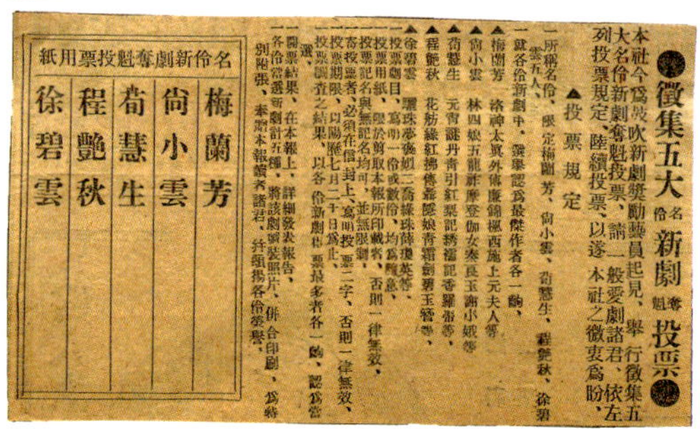

徵集五大名伶新劇奪魁投票

本社今為鼓吹新劇獎勵藝員起見，舉行徵集五大名伶新劇奪魁投票，請一般愛劇諸君，依左列投票規定，陸續投票，以遂本社之徵求為盼，

▲投票規定

一 所稱名伶，限定梅蘭芳、尚小雲、荀慧生、程艷秋、徐碧雲五人、

一 就各伶新劇中，選舉認為最傑作者各一齣、

▲梅蘭芳 洛神 太真外傳 廉錦楓 西施 上元夫人等

▲尚小雲 林四娘 五龍祚 摩登伽女 秦良玉 謝小娥等

▲荀慧生 元宵謎 丹青引 紅梨記 綉襦記 香羅帶等、

▲程艷秋 花舫緣 紅拂傳 聶隱娘 青霜劍 碧玉簪等、

▲徐碧雲 驪珠夢 褒姒 二喬 綠珠 薛瓊英等、

一 投票劇目、寫明一伶或數伶、均為隨意、

一 投票用紙、限於剪取本報所印載者、否則一律無效、

一 投票記名與無記名均可、並無限制、

一 寄投票者、必須在信封上、寫明投票二字、否則一律無效、

一 投票期限、以陽曆七月二十日為止、

一 投票調查之結果、以各伶新劇中票最多者各一齣、認為當選、

一 開票結果、在本報上、詳細發表報告、

一 各伶當選新劇計五種、將該劇劇裝照片、倂合印刷、為特別附張、奉贈本報讀者諸君、并頌揚各伶藝譽、

名伶新劇奪魁投票用紙

梅蘭芳	尚小雲	荀慧生	程艷秋	徐碧雲

1938년 음력 정월에 경극계의 1대 종사인 양소루(楊小樓)가 세상을 떠났는데 향년 61세였다. 북경에 있는 유명한 배우들은 모두 그의 장례식에 참석하였으며 양소루의 공연을 본 적이 있는 사람들 역시 그의 평생의 경극에 대한 공헌을 추억하였다. 1대 명배우의 장례는 도시 전체를 슬픔에 휩싸이게 했는데 경극 역사에서 유래가 없는 일이었다.

경극의 탄생에는 특별한 배경이 있다. 북경성의 상업, 문화가 어느 정도 수준까지 발전하면서 민간의 문화생활이 이미 상당히 풍부해졌고 각종 희곡의 발전 역시 상당히 성숙해졌는데 이러한 것들이 '어우러져' 자연스럽게 경극이 생겨났다. 북경의 민속 문화 형성의 요람이라고 할 수 있는 전문(前門)은 경극과 특별히 밀접한 관계를 갖는다. 경극이 탄생한 초기 및 중요한 발전기에 전문 일대는 바로 북경의 오락, 음식, 상업 활동과 평민 문화 활동의 집중되었던 지역이었다. 경극은 전문에서 '일어난

하북성 울현에는 마을마다 희루(戲樓)*가 있으며 종류도 매우 많아서 '고희루(古戲樓) 박물관'이라고 부를 만하다. 사진은 울현 희루 벽에 희곡 장면을 세밀하게 조각한 벽돌

것'으로, 경극의 오랜 희원자(戲園子)가 이 일대에 모여 있었고 당시의 배우들 역시 이 일대에 모여 살고 있었을 뿐 아니라 경극 관람 애호가들 및 경극 공연과 관계가 있던 사람들도 이곳에 모여 있었기 때문이다.

그 당시 북경의 생활 형태를 이야기하자면 '연수사가(延壽寺街)'라는 거리로 설명할 수 있다. 연수사가는 화평문외(和平門外) 유리창(琉璃廠) 동가(東街)에 있는 남북 방향으로 난 작은 골목이었다. 지금은 그것이 볼품없어 보이지만 1930~40년대에는 작지만 길 전체가 보행자 거리였다. 남북 방향의 길이가 250m, 동서 방향의 넓이는 5m밖에 되지 않고 한 거리에 104개의 문패가 있었는데, 3개만 사람이 사는 주택이었고 다른 곳은 모두 점포였다. 소금 가게, 곡물점, 아침식사 파는 곳, 정육점, 잡화 가게, 국수 가게, 과자 가게, 건과류 가게, 식당, 찻집, 찻잎 가게, 종이 가게, 포목점, 면화점, 신발 가게, 옷 가게, 양철 가게, 자전거포, 약국, 목욕탕, 이발관 등의 점포들이 수공업 작업장

* **戲樓**: 옛날 절이나 사원에서 공연에 이용할 수 있는 발코니식 건축물

하북성(河北) 울현(蔚縣)에서 출품된 희곡에 나오는 인물의 채색 전지(剪紙). 현지의 전지 예인(藝人)인 왕노상(王老賞)은 청대 광서(光緒) 16년(1890)에 태어나 7~8세 때부터 전지를 배웠으며, 마안산년화(馬鞍山年畫)에 특별히 관심이 있었다. 늘 희곡 공연과 양유청년화(楊柳青年畫)를 보고 그중에서 제재를 취하여 많은 희곡 예술을 표현한 전지를 만들어, 울현 전지의 큰 특색을 형성하였다. 1951년 왕노상이 세상을 떠난 후 그의 전수자가 지금까지 계승하고 있다. 사진은 왕로상의 유작 3품이다.

의 형태, 수공업 시기의 특징을 그대로 가진 채 질서정연하게 마주하고 있었다. 공교롭게도 북경 희극계의 많은 사람이 어릴 때 연수사가 근처에서 살면서 그곳을 들락날락하였는데 소박하고 간소했지만 만족스러운 삶이었다.

지금도 여전히 연수사가가 있기는 하지만 전혀 달라졌고 주위 사람들의 생활에도 이미 거대한 변화가 생겼다. 경극이 번영하던 시기의 생활 풍경은 조금씩 조금씩 사람들의 곁에서 사라져갔다.

현대적인 경극

경극은 시작될 때부터 북경의 문화와 밀접하게 결합하였다. '전 시대의 옛 일'을 공연하는 고전 전통 작품을 위주로 하였으며 경극 배우들 또한 모두 '고장희(古裝戲)'부터 시작하여 점차적으로 연기의 기술을 향상시켜갔다. 최초의 '현대희'는 20세기 초기에 출현하였는데 청장희(淸裝戲) 또는 민국희(民國戲)라고 하며 청나라 때 혹은 민국 시기에 발생한 이야기로 무대 의상 역시 전통적인 양식과는 약간 달랐다. 매란방이 젊었을 때 일부 시장신희(時裝新戲)를 공연하였는데 「등하고(鄧霞姑)」[1], 「일루마(一縷麻)」[2] 등이다. 그러나 본격적인 현대극은 아직 없었다.

1950~60년대에 와서 현실 정치를 위해 봉사하는 문예 사조가 주류를 이루었다. 이와 함께 경극이 고전 전통 작품만을 공연하는 것은 위기를 맞았다. 당시 유행하던 기타 예술 장르와 같이 무대 위의 주인공은 노동자, 농민의 이미지를 연기해야 했다. 특별히 1963년에는 문화부에서 공문을 내려 각지의 극단에 현대 사회를 소재로 한 경극을 공연하고 전국 합동 공연을 준비하라고 하였다. 또한 '1964년 경극 현대희 관찰 공연 대회(京劇現代戲觀摩演出大會)'를 개최하여 경극을 현대극으로 개편하는 활동을 하나의 주류로 끌어올렸다. 37개 작품이 참여하

* **文化革命**(1966~1976): 대규모 사상, 정치 투쟁의 성격을 띤 권력 투쟁. 수정주의(修正主義), 반당(反黨), 반사회주의자에게 철저한 비판을 가하였고 모택동(毛澤東), 임표(林彪) 등은 학생 중심의 홍위병과 혁명 소조(小組) 등을 동원하여 유소기(劉少奇) 국가 주석 등 당과 행정부 간부를 자본주의의 길을 걷는 실권파로 몰아 숙청하였다. 그 후 10여 년 동안 임표의 실각 등 내부 대립이 끊이지 않다가 모택동의 사망 후 1976년에 종결되었다.

였고 37일 동안 모두 218회의 공연을 하였으며 330,000명에 가까운 관중이 관람하였다. 당시의 국가 지도자들도 공연을 관람하였으며, 당시 국무원 부총리였던 육정일(陸定一)의 개막식 연설이 주요 신문의 주요 기사로 실렸다.

'문화 혁명(文化革命)*'이 시작된 후 수많은 연로한 예술가들이 박해를 받았고 심지어는 경극 무대를 영원히 떠나기도 하여 전통 경극의 전승 역시 중단되었다. 모택동(毛澤東)의 부인인 강청(江青)이 이끌었던 당시의 문예계는 혁명 현대 경극인 「지취위호산(智取威虎山)」[3], 「홍등기(紅燈記)」[4], 「사가빈(沙家浜)」[5], 「해항(海港)」[6], 「기구백호단(奇袭白虎團)」[7], 신편 발레 무극 「홍색낭자군(紅色娘子軍)」[8], 「백모녀(白毛女)」[9], 교향곡인 「사가빈(沙家浜)」 등 8편의 무대 예술 작품을 제작하여 문예창작의 '모범극(樣板戱)'으로 추대하였다. 그 후의 10년 동안 모든 경극의 전통 작품들은 전체적으로 공연이 금지되었고 8편의 모범극의 공연 및 소수의 모범극의 표준 모델을 따라 창작된 문예 작품만이 허가되었다. 비록 모든 지방극들이 완전히 말살당한 것은 아니지만 어떤 작품이든 반드시 소위 '혁명 현대 경극'의 표준에 따라 공연되어야 했

좌 1920~30년대, 매란방은 시대적 분위기의 영향을 받아 시사적인 내용을 제재로 하여 압박받는 여성과 비합리적인 결혼제도를 소재로 한 시장신희(時裝新戱)를 무대에 올렸다. 이것은 「일루마(一縷麻)」에서의 모습이다.

우 모범극(樣板戱) 「홍등기(紅燈記)」의 사진. 홍등은 이 가정이 무산 계급 혁명 사업에 투신한 것을 상징하였다(1967).

이것은 모범극 「지취위호산(智取威虎山)」의 대표적인 장면으로 오늘날 중국의 관중들에게도 익숙한 것이다. 많은 사람들이 극 중의 훌륭한 대사를 완전하게 외울 수 있으며, 해학적이고도 경쾌한 효과를 나타냈다(1975).

다. 그래서 8편의 모범극이 천하를 통일하게 된 셈이며 그 외에는 사람들이 다른 문예 프로그램을 볼 수도 들을 수도 없었다. 매일 방송(당시 TV는 중국에 보급되지 않았음)에서는 혁명 현대 경극의 창강을 내보냈고 또한 전문적으로 노래를 가르쳐주는 곳도 있었으며, 학교에서도 늘 모범극의 일부분을 공연하여 몇 년이 지난 후에도 많은 사람들이 유창하게 외울 수 있었다.

혁명 현대 경극은 제재가 현실 정치의 필요에만 국한되어 있을 뿐 아니라 배우의 동작도 생활에 근접하여 검보 역시 얼굴에 그리는 방식에서 개량하여 간략화되어 갔다. 의상 및 무대의 배경 모두 사실적이고, 악단에도 서양 악기가 더해져서 전체적으로 일종의 혁명 영웅주의에 대한 열정과 능력을 추구하였다. 모범극은 당시 중국 예술 창작을 주도하는 모델이 되었으며 그 영향이 문학, 회화, 희극, 희곡, 춤,

음악 등 각 방면에 파급되어 1950~60년대에 출생한 사람들에게 깊은 영향을 끼쳤다. 문화 혁명이 끝난 후, 그 특수한 정치적 배경 때문에 이 시기에 제작된 경극은 잠시 공연이 금지되었다. 1978년 이후 전통 경극 작품이 결국 힘겹게 무대로 돌아왔고, 민간 연극 활동에 대한 정치적 간섭 또한 점점 줄어들어 창작의 공간도 한층 넓어졌다.

현대 중국인들의 모범극에 대한 입장은 복잡하다. 문화 혁명의 아픈 기억이 반복되는 것을 바라지 않아서 모범극을 격렬하게 배척하는 사람도 있는가 하면, 상당수의 사람들은 모범극이 그들의 청춘 시절과 함께 하였기 때문이거나 모범극의 창작과 공연 과정 중 유명해져서 그것을 잊을 수 없다고 여기기도 한다. 심지어는 '옛것을 그리워하는' 열기에서 그것을 새롭게 무대에 올리자는 사람들도 있으며 일부 사람들은 모범극의 정치가 예술 창작을 간섭하는 것에 대해서는 부정적인 시각을 가지고 있지만 모범극의 예술적 성취에 대해서는 객관적으로 긍정적 평가를 하기도 한다.

모범극을 창작하고 공연했던 시기로부터 벌써 30~40년이나 지나갔고, 지금 와서 보면 당시의 혁명 현대 경극은 모두 선명한 시대적 낙인이 찍혀 있고 인물의 이미지도 모두 정형화되어 영웅주의 정서를 찬양하고 있다. 그러나 당시의 지명도 있던 예인들 중 적지 않은 사람들이 공연에 참가한 적이 있으며 연기 수준 역시 결코 낮지 않았다. 극 중의 창강도 매우 감동적이었을 뿐 아니라 당시 예술무대에서는 독보적인 지위를 차지했기 때문에 많은 사

문화 혁명 기간에는 예술가들도 생활 현장에 들어가서 노동에 임하고, 노동자, 농민, 군중에게 배워야 한다는 것을 강조하였다. 이것은 북경 경극단의 배우들이 절강(浙江) 지역의 농촌에 가서 경극을 선보이고, 아울러 현지 농민들과 함께 생산 노동에 참가하여 봄나물을 캐는 장면이다(1975).

혁명 현대 경극 「사가빈(沙家浜)」으로 유명해진 사가빈진(沙家浜鎭)

람들의 귀에 익숙하였다. 경극의 미학은 '형식이 내용보다 크다'라는 것이어서 종종 '배우를 보고 노래를 듣는다(看角聽腔)'는 것이 작품 속에서의 인생을 맛보는 것보다 중요하다고 생각되었다. 이러한 이유로 모범극은 현재까지 전해져서 여전히 청중을 가지고 있는 것 같다.

모범극 이후에 새로 만들어진 경극이 현대극으로 변모해 가는 시험은 여전히 진행 중이다. 새로 만들어진 현대극이 적다고는 할 수 없지만 예술 수준이 아직 모범극에도 미치지 못하고 게다가 홍보에 있어서도 당시 모범극을 선전하던 규모를 따라가지 못하여 영향력이 그다지 크지 않다는 것이 아쉽다.

경극은 오늘날까지 발전하였지만 이미 전성기는 지나갔다. 경극은 소위 '입으로 전하고 마음으로 가르치는' 실천과 경험에 의지하여 대대로 전해져 온 예술로, 일찍이 60~70년 전에 이미 성숙되어 스스로 체계를 이루었고 특히 연기 방면에서 각각의 예술 유파들은 모두 자기의 '독특한 비방'을 가지고 있다. 그러므로 후인들은 경극의 역사와 전통에 대해서 쉽게 비평하거나 시비를 따지면 안 된다. 경극을 보는 사람들은 자기의 문화적 취미와 미학적 관점을 개입시키겠지만 결국 아름다움만이 가장 진실한 감동과 기억을 남겨줄 수 있을 것이다.

1| 「**등하고**(鄧霞姑)」: 등하고가 언니와 형부를 도와 탐욕스러운 친척의 모함을 벗어나게 하는 이야기로, 정의를 펼치는 이야기이다.

2| 「**일루마**(一縷麻)」: 재능이 뛰어나 한 여자가 부모의 강요대로 바보 남편에게 시집가는 이야기이다.

3| 「**지취위호산**(智取威虎山)」: 중화인민공화국 성립 전날, 해방군이 토벌하는 이야기이다.

4| 「**홍등기**(紅燈記)」: 항일 전쟁 기간에 중국의 윤함 지역(淪陷區) 철로 노동자들의 항일 투쟁 이야기이다.

5| 「**사가빈**(沙家浜)」: 항일 전쟁 시기, 중국 민중이 팔로군의 부상당한 병사를 보호해 주는 이야기이다.

6| 「**해항**(海港)」: 신중국의 상해 부두 노동자들이 열심히 일하는 이야기이다.

7| 「**기구백호단**(奇袭白虎團)」: 중국 인민 지원군이 북한에 가서 전쟁하는 이야기이다.

8| 「**홍색낭자군**(紅色娘子軍)」: 중국 홍군의 여병사들이 구정권 및 패악한 세력과 전쟁하는 이야기이다.

9| 「**백모녀**(白毛女)」: 패악한 지주에게 능욕을 당한 농가의 여성이 깊은 산속으로 도망가서 생활하는 이야기이다.

노래, 춤, 유희

중국 희곡의 기원은 흥겹게 노래하며 춤추는 형식에서 출현한 것으로 경극 연기의 기본 소양은 대체로 '노래 · 춤 · 유희' 등으로 꼽을 수 있다. 일부 경극 작품은 노래, 춤, 유희 세 가지를 다 아우르지 않고 그중 하나에 치중하기도 하는데 이에 따라 '창공희(唱功戲)', '염백희(念白戲)*', '정절희(情節戲)'의 구분이 생겼다. 창공희의 경우 예를 들어 「이진궁(二進宮)」의 경우 서정적인 부분에서 창강(唱腔)으로 표현할 뿐 아니라 인물의 걸음 또한 창강으로 대신한다. '무도희(舞蹈戲)**'는 「소방우(小放牛)」의 경우 줄거리가 간단해서 한 시골 처녀가 목동에게 길을 묻는 것을 연기하는데 목동은 이중창곡(對歌) 형식으로 시골 처녀에게 트집 잡아 따져 묻고 시골 처녀는 교묘하게 대답한다. 목동과 시골 처녀가 한참이나 말하다가 뛰다가 하는데 천진하고 사악함이 없으며 어린아이 같은 순수한 정취가 넘쳐흐른다. 정절희는 예를 들어 「타성황(打城隍)」의 경우 무뢰한 세 명이 노역에서 도망가기 위해 성황묘에서 성황 또는 귀신인 체하다가 포졸(하급 관리)에게 발각되어 흠씬 얻어맞는 이야기인데 가무와 기타 무술 동작 없이 복잡한 줄거리만으로 승부를 걸었다. 소수이기는 하지만 노래, 춤, 동작이 '집대

* **念白戲**: 대사를 위주로 하는 경극

** **舞蹈戲**: 춤을 위주로 하는 경극

마파(馬派) 제자인 장학진(張學津)이 연기한 노생희(왼쪽에서 두 번째 흰 수염이 있는 사람)(촬영 왕가신)

성'된 작품도 있는데 노래, 대사, 동작, 무술 각종 표현 수단이 비교적 잘 갖추어져 있고 배역 또한 갖추어져서 관중들을 극에 흠뻑 빠져들게 할 수 있다.

모든 작품마다 그 작품을 좋아하는 관중이 있다. 세분화를 통한 창공희, 염백희 혹은 정절희는 '전문가(內行)'들이나 조예가 깊은 사람들이 경극의 묘미를 자세히 음미하기에 좋으며 종합적인 작품은 '비전문가'들이 경극 연기의 다채로움을 부담 없이 즐겁게 관람하기에 좋다.

경극의 연기에는 '소리가 있으면 반드시 노래가 있고, 움직이지 않는 것은 춤추지 않는 것이다(有声必歌, 无动不舞)'라는 특징이 있다.

경극의 '소리(聲)'는 먼저 배우의 창강(唱腔)과 대사(念白)를 가리키며, 그 외에도 무대에서 나는 모든 소리, 자연계의 바람 소리, 빗소리, 뇌성 및 개 짖는 소리, 고양이 울음소리, 쥐가 내는 소리, 심지어는 일부 환상 속의 소리까지도 포함하는데 경극에서 징과 북소리는 이러한 상상에서 나온 것이다. '소리가 있으면 반드시 노래가 있다'는 것은 바로 위에 열거한 소리들이 일단 무대에 나오면 그것의 생활 속에서의 원형이 어떻든지에 상관없이 모두 아름다운 노랫소리처럼 마음을 울려야 한다는 것이다.

경극의 '노래(唱)'가 표현하는 것은 인물의 감정에서 생기는 각종 소리인데 인물 간의 대화 또는 마음속의 독백도 포함한다. 경극의 곡조(聲腔)는 각각의 곡조와 판식(리듬)을 구분하는데 그에 따라 각각의 작품, 노래(唱段)가 곡조를 선택하는 공간이 비교적 크며 어떤 작품, 어떤 곡조를 확정하면, 중복되게 할 수 없다. 노래(唱)를 듣는 것은 경극 감상 중 첫 번째로 중요한 것이며, 특히 여러 번 보아 익숙한 '출'을 감상할 때는 배우들이 부르는 노래(唱)의 차이점을 찾아낼 수 있다.

그러면 무엇이 '공(功)'인가? 바로 경극 연기 규범에 맞는 원숙한 기교를 가리키며 경극계의 전통적인 화법에서는 '손, 눈, 몸, 머리카락, 걸음'의 연기에서 전승되어 온 일부 기교의 규칙과 방법을 가리키는데 이는 경극이 성숙기에 들어간 후에 부각된 것이다. 노래, 대사, 동작, 무술의 각 방면에서 창강은 소리의 높낮이와 곡절이 조화롭고 리드미컬하며 구성지고 복잡한 것을 추구하고 대사는 리듬감과 운율미를 중시한다. 몸짓과 동작은 미관상 싫증이 안 나며 생동감 있고 세밀한 것을 추구하여, 손발을 드는 것까지도 일정한 음률에 맞아야 하고 인물의 심리 활동에 대해서도 세밀하고 섬세하게 헤아려야 한다. 모든 배역의 배우는 약간의 기본 공을 가지고 있는데 그 수와 종류는 기본적으로 경극 무대 위에서의 모든 동작과 창강, 대사를 포함하기 때문에 처음 배우는 사람은 반드시 시간을 들여 반복적으로 연습해야만 익힐 수 있다.

경극의 각종 모자공(帽子功)은 가장 멋진 기교라고 할 만하다. 극 중 인물은 부모가 모두 돌아가시고 비통함이 극에 달했기 때문에 관모(官帽)를 던져 버리고 관직을 포기하고 고향으로 돌아가 효를 다하고자 하였다(1961).

좌 경극에서는 무용으로 무술을 대신한다(촬영 오강).

우 다양한 형태의 격투 장면, 사람들의 눈을 현란하게 한다(촬영 오강).

'절기(絶活)'라고 부를 만한 또 다른 기교들이 있다. 예를 들어 경극에서 한 시대를 풍미했던 '교공(蹺功)*'이라는 것이 있었는데 옛 중국 여성의 '전족한 작은 발(三寸金蓮)'의 걸음걸이를 표현한 것이다. 당시의 경극 예인이 모두 남자 배우였기 때문에 남단(男旦) 배우들은 굽이 높은 나무 신발을 신고 자유자재로 걷는 연기를 해야 했다. 배우들은 '교(蹺)**'라고 하는 이 신발을 신고 걷고 뛰는 것에 익숙해지기 위해서 적어도 2~3년의 시간을 들여서 연습해야 했고 심지어는 겨울에 얼음 위에서 교를 신고 걷거나 무대 위를 빠른 걸음으로 빙빙 돌기도 하고 곤두박질치기도 하였는데, 시간이 지나면 허리와 다리의 힘이 세져서 자연스럽게 유연한 걸음걸이를 익힐 수 있었다. 그 외에 경극에서는 부채를 사용하여 연기하는 장면 또한 적지 않은데 가장 많이 쓰는 등장인물은 어린 아가씨이다. 「홍낭(紅娘)」 중의 계집종인 홍낭은 단선(團扇)***으로 나비를 잡으며 다른 작품에서 아가씨들이 사용하는 것은 정교한 접선(摺扇)****인 경우가 많다. 무대에서 부채를 사용하는 작품이 많아 '선자공(扇子功)'이 생겨났으며 아울러 경극의 기본공이 되었다. 줄거리, 등장인물에 따라 부채로 표현하는 줄거리, 정서

* **蹺功**: 중국 전통극에서 굽이 높은 신을 신고 연기하는 기술

** **蹺**: 중국 전통극에서 배우가 전족한 여성으로 분장할 때 신는 소품

*** **團扇**: 원형 부채

**** **摺扇**: 쥘부채

좌 밀회하는 장면을 표현하는 조형(촬영 장조기)

우 경극 「양문여장(楊門女將)」의 대대적인 출정 장면

역시 다르다. 때로는 부채를 부쳐 시원하게 하기도 하고 때로는 사람과 사귈 때 '말하는 것을 돕는 도구'로서 말투를 강하게 하거나 표정을 과하게 하거나 환경을 꾸미거나 거리를 유지하는 데 쓰인다. 오늘날까지 이르러 기본공으로서의 선자공은 잘 전승되었을 뿐 아니라, 어떤 기법은 심지어 과거보다 더 발전하였다. 경극 중에서 이와 같은 여러 공이 자못 많은데, 예를 들어 시자공(翅子功)*, 수견공(手絹功)**, 염구공(髯口功)***, 솔발공(甩髮功)****, 의자공(椅子功)*****이 그것이다.

* **翅子功**: 옛날 관리가 쓰는 비단 모자. 모자 위의 양쪽에 깃털 날개가 꽂혀 있었으며 배우들은 특수한 기교로 머리를 흔든다. 두 자루의 모시(帽翅)를 다른 방식으로 흔들어 이로써 인물의 마음속이 변화하였다는 것을 나타낸다.

** **手絹功**: 손수건을 이용해서 하는 것

*** **髯口功**: 화장용의 수염을 빌어 연기하는 것

**** **甩髮功**: 넘싱 역할이 징벌을 하지 않고 표현하는 것

***** **椅子功**: 의자 위에서 연기하는 것

연기의 경지

경극 배우들은 연기를 세 개의 경지로 구분한다. 첫 번째는 '정확하게' 연기해야 하고 두 번째는 '아름답게' 연기해야 하며 세 번째는 '정취 있게' 연기해야 한다.

'정확함'이란 무엇인가? 어린아이가 경극을 배울 때는 먼저 기교를 연마하고 아주 작은 동작 하나하나까지 반복해서 연습해야 한다. 분해 동작에서 조합 동작까지, 초식 하나하나까지 모두 선생님이 몸소 가르쳐주는 대로 학생은 창조성 없이 그대로 모방하는데 동작, 몸짓, 시선, 노래 가사(唱詞), 발성, 토자(吐字)*, 창강 등의 요령을 정확하고 숙련되게 마스터할 때까지 한다. 무대에 오를 단계에 들어간 후에는 하나하나의 규격화된 동작을 잘 연결해야 한다. 어린 배우 혹은 젊은 배우들은 아마도 줄거리와 인물을 마음으로 표현하는 것을 할 수 없을 테지만, 동작과 노래 가사를 정확하게만 소화한다면 관중들은 기본적인 기교는 완성한 것으로 이해한다.

경극을 배우는 단계에서의 어린 배우는 모델화의 방법으로 인물을 그려낸다. 과거 경극 희반에서 새로운 작품을 공연할 때는 유형화된 표준에만 도달하면 무대에 올려 공연했는데, 이것은 서양의 연기 이

* **吐字**: 창곡이나 설백(說白)에서 전통음으로 읽는 것으로 교자(咬子)와 같다.

표정에서는 눈빛이 특히 중요하다. 매란방이 시범으로 찍은 것만도 48가지나 된다.

론에서 강조하는 공연의 '개성화'와는 다른 것이다. 배우 한 명이 처음 입문했을 때부터 연기의 성숙기에 들어가기까지를 보통 두 단계로 나누는데 어떤 작품의 어떤 역할을 할 때 전해 내려오는 모든 규정된 창강과 동작을 따라서 연기하는 것이 제1단계이다. 유형화를 실현할 수 있으면 무대에 올라 공연할 수 있었고 관중들 또한 유형화된 연기에 대해 무리 없이 받아들인다. 점점 무대 경험이 풍부해짐에 따라 배우 개인의 예술적 소양과 예술적으로 추구하는 바가 점점 그들이 만들어내는 역할 속에 스며들게 되고 고된 수련을 통해 인물에 대

상 노년의 개규천(蓋叫天)이 자신의 집 정원에서 동작을 연마하고 있다.

하 다년간 지속해온 새벽 연습은 예술 생명에 대한 애착과 존중이다. 이미 고인이 된 '정(淨)' 역의 배우인 원세해(袁世海)가 쉰 살이 넘은 나이에도 불구하고 계속해서 무공을 연마하고 있다.

한 해석에도 '개성'을 담을 수 있어서 성숙한 관중들은 감상하면서 알아보는데 이것이 연기의 제2단계이다.

'아름다움'은 무엇일까? 이것은 배우들이 다년간의 무대 경험을 통해 자신이 맡은 배역에 대한 충분한 이해가 생겨서 익숙한 대본이든 생소한 대본이든 간에 모두 자신의 감정적 체험, 생활에서 누적된 훌륭한 예술적 이해력을 충분히 표현해내고 작품의 내용을 정확하게 전달할 뿐 아니라 특정 인물의 성격을 그려낼 수 있는 것이다. '아름다움(美)'은 '정확함(準)'이 승화된 것이며 연기를 기교에서 미학적인 부분으로 옮겨가게 하여 배우의 훌륭한 예술적 기본기와 창조력을 돋보이게 하는 것이다.

'정취가 있는 것'은 무엇인가? 이것은 중국 전통 미학에서 심미적인 체현이며 감상자는 여기에서 아름다움을 누릴 수 있다. 중국의 많은 고전 예술이 상통하는 부분으로 수준 높은 관중들은 경극 연기에서 전통 문화에 내포되어 있는 공통적인 의미를 이해할 수 있다. 경극의 정취는 경력이 풍부한 배우와 경력이 풍부한 관중 간의 일종의 묵계라고 할 수 있으며 경극 연기가 내포하고 있는 독특한 의미에 대한 감상과 깨달음이며 경극의 아름다움의 극치이다. 결국 오랜 경극 팬들의 입장에서 말하자면 고정된 표준이 있는 것이다. 때로는 창강만을 가리키기도 하는데 배우가 부른 노래를 사람들이 계속해서 음미하게 된다.

많은 경극 팬들은 정파(程派)의 창강과 여파(余派)의 창강을 높이 평

정연추가 단 역, 상소운이 '반천소생(反串小生)' 역을 맡았다. 두 사람이 각자 재예를 펼쳤는데 희극 팬들 입장에서는 보기 드물게 즐거운 일이었다.

가하는데 정파의 창강은 '슬프고 간절하며 끊어질 듯한' 특징이 있고, 여파의 창강은 '수음(擻音)*'과 상음(嗓音)을 많이 사용하여 약간 목이 잠긴 듯한 목소리에 '행강'의 강하고 부드러움이 조화를 이루며 의경이 깊은 특징이 있다. '정취'는 창강에도 있지만 대사, 몸짓, 춤, 무술 중에서도 나타날 수 있다. 이처럼 '형태(形)'가 없는 것이 오히려 고정적인 표준의 정취를 지니기 때문에 오랜 희극 팬들을 경극 감상의 최

* **擻音**: 일종의 수식음으로 발성할 때 선율의 동향에 따라 성대를 떨어서 목소리를 더욱 부드럽고 듣기 좋게 하는 것

고 경지로 이끌어 작품에서 다른 내용은 더 이상 중요하지 않은 것처럼 되기도 한다. 정의와 사악함 중에서 누가 승리할 것인가, 극본의 구조가 균형 잡혔는가, 조연 배우의 연기가 역할에 맞나 등 이러한 것들에 대해서는 별로 계산적이지 않고 자기가 좋아하는 배우의 연기에만 심취한다.

경극의 규격화

경극 연기의 허구화 및 가무화는 함께 생각해야 한다. 허구는 곧 생활 동작을 모방하는 것이고 생활 동작을 무대 동작으로 정련하여 지극한 아름다움의 경지로 승화시키는 것이다. 예를 들어 문과 창이 없으면 문과 창을 열고 닫는 동작을 해야 하는데 마치 눈앞에 진짜 문, 창이 있는 것처럼 하는 것이고 말에 올라타고 내리는 것, 건물에 오르고 내리는 것, 배를 타고 내리는 것 등도 그렇다. 동시에 경극 무대의 동작은 또한 모두 가무화된 것인데 운율이 있어야 하고 약간의 미감이 있어야 한다. 이렇게 되면 과장됨이 있고 취사선택해야 할 것이 반드시 생긴다. 이 두 가지가 하나의 박자에서 통일되어야 하고 그것들의 결합은 경극 특유의 규격화된 연기 기풍을 형성하였으며 또한 각 세대의 예인들이 공통으로 존중하고 또한 관중들을 위해 익숙하고 이해되는 규범화된 동작을 형성했다.

경극의 규격화된 연기는 결코 하루아침에 형성된 것은 아니며 공연 과정 중에 하루하루, 한 달, 두 달이 쌓이고 대대로 예인들의 사부가 제자에게 입으로 마음으로 전해주어 계승, 발전되어 생긴 것이다. 이러한 규범에는 필수적으로 엄격하게 지켜야 하는 면도 있고 뛰어

넘어야 할 부분, 발전이 필요한 부분도 있다.

또한 동일한 예술 유파에는 전승과 발전 중에 일부 규격화된 내용을 쌓아간다. 예를 들어 노래와 대사의 어떤 특징, 특히 단 역의 목소리(聲腔)는 남자 단 역의 전통적인 영향을 받아서 교자(咬字), 발성에서 모두 지극한 공을 들인 처리 방식이 있는데 후계자들은 배우는 단계에서 의식적인 모방으로 규범에 맞게 하려고 노력하며 구극의 여배우(坤角)들 역시 예외가 아니었다. 또한 더욱 보편적인 것은 노래와 대사 중에 초기 경극 예인들의 방언이 보존되어 있다는 것이다.

경극이 점점 성숙해감에 따라 경극 무대 의상의 분류, 공예품의 제작, 사용하는 도안과 색채에 전체적으로 분명하고 엄격한 규범이 형성되었다. 비록 중국은 시대마다 복식의 변화가 많았지만 경극의 무대의상의 양식은 비교적 고정적이고 유형화되어 있다. 이것은 경극이 형성된 시기의 공연 조건, 공연의 특징과 불가분의 관계를 가진다. 초기의 경극 예인들은 남북으로 이동하였는데 희반에서 공연하였든지 혹은 어떤 사람과 합동 공연을 했든지 모두 사전에 리허설할 필요도 없이 단지 규칙에 따라 연기하면 됐다. 민간의 무대 의상은 작품에 따라 전용 복장이 되는 것은 아니지만 같은 배역의 경우 의관이 같거나 비슷한 복식이었다. 그러나 경극은 결코 사실적인 것을 추구하지 않아서 무대 위에 올리는 막마다 대부분 이야기가 발생한 구체적인 시대나 배경이 모호해서 복식 또한 '당시 시대 배경에 맞는 옷을 입을' 필요가 없었다. 모든 배역의 배우들은 인물이 처한 시대, 신분 지위, 성격, 이미지에 따라 어떤 양식과 규격의 옷을 입을지 일정한 규격이 있었는데 희반 중에는 '낡은 의상을 입을지언정, 틀린 의상을 입지 않는다'라는 규칙이 있어서 배우들은 하나의 작품을 배우면 당연히 무엇을 입어야 하는지를 알았고 도구 상자(戲箱)를 관리하는 사람 역시 알고 있었다. 배우가 옷을 잘못 입으면 극의 내용에도 맞지 않을 뿐 아니라 관중들도 받아들일 수 없는 일이었다.

경극의 의상은 청나라 때 그 형식이 갖추어졌는데, 그 의상의 규격 양식은 명(明)[1] 나라 때의 복식을 기초로 한 것으로, 역대 복식의 전형적인 요소를 흡수하고 연기에 적합한 것을 원칙으로 하여 종합하고 미화하여 이루어진 것이며 청장희(淸裝戲)에만 오직 청대 제도에 부합하는 무대 의상이 있었다. 의상은 대체적으로 망(蟒)*, 고(靠)**, 습(褶)⁑, 피(帔)⁂, 의(衣)⁑⁑의 다섯 가지 큰 부류로 나눈다. 황색의 장포에 큰 뱀의 도안이 수놓아져 있고 왕모를 쓴 것은 황제이고 짙은 남색 또는 청색의 장의(長衣)에 머리에는 검정색 두건을 썼다면 유생(儒生)이다. 의상에 따라 극 중 인물의 신분을 쉽게 알 수 있다. 북경의 고궁(故宮)에 필사본 『의관제강(穿戴提綱)』의 두 책이 소장되어 있는데, 몇 천 출(出)의 희극 작품이 기록되어 있고 작품, 역할마다의 상세한 의관이 모두 설명되어 있는 공문서 성격의 비망록이다.

각색의 신분과 사회적 지위에 따라 그들이 입는 의상으로 배역을 구분하는데 이것은 관중의 이해를 돕기 위한 것이며 아울러 배우의 연기의 특징을 감상해내는 방법보다 쉽다. 예를 들어 머리에 왕모를 쓰고 몸에는 용포를 입었으면 무대에서 황제의 역할을 하는 연기를 하며 '왕모노생(王帽老生)'이라고 불리는데 기본적으로 모두 창공(唱功)을 특기로 한다. 몸에 개갑(鎧甲)을 입고 손에는 병기를 들고 있으며 무공에 능한 노생 역할은 모두 '고파노생(靠把老生)'이라고 부른다. 의상으로 배역을 구분함으로써 배우들이 등장하면 관중들은 그들의 의상과 얼굴 화장을 보기만 해도 대체로 배우가 어떤 역할인지를 추측할 수 있고, 또한 연기의 특징을 감상하는 데 집중할 수 있게 된다. 경극의 무대의상의 규격화는 연기 규범화의 파생물이며 거꾸로 보면 경극 연기의 규격화를 강화시켰다고 할 수 있다.

경극 배우의 얼굴 화장은 주로 연기의 필요에 근거하여 인물의 피부색 및 얼굴의 기관을 과장하여 이미지를 부각시키는 것으로 생 역의 말채(抹彩)⁑⁂와 단 역의 분과 연지를 바르고 눈썹과 눈언저리, 입 모

* 蟒: 망포(蟒袍)라고도 하며, 황제, 왕, 장군, 재상 혹은 황후, 비빈, 귀부인, 여장군이 정식 장소에서 입는 것

** 靠: 개갑(鎧甲)이라고도 하며, 남녀 무장의 군장

⁑ 褶: 습자(褶子)라고도 하며 경극 의상 중에서 가장 많이 입는 것. 큰 깃, 큰 섶, 큰 소매에 옷 길이가 길어서 발까지 오며 문 · 무관, 귀한 자 · 천한 자, 남녀노소 모두 입을 수 있는 것

⁂ 帔: 피풍(披風)이라고도 하며 긴 깃, 대금(對襟; 윗옷의 두 섶이 겹치지 않고 가운데에서 단추로 채우게 되어 있는 것), 큰 소매, 좌우 사타구니 아래 양 옆이 트여 있으며, 남녀 역 모두가 입을 수 있었다.

⁑⁑ 衣: 서술한 것 외에 기타 다양한 종류의 무대 의상

⁑⁂ 抹彩: 중국 전통극의 노생, 소생, 무생 등의 얼굴 화장을 일컫는 말

양을 그리는 것, 정, 축 역의 검보를 그리는 것은 모두 이러한 효과가 있다. 화장은 대부분 유형화된 수법을 채택하는데 다양한 색채, 도안, 장식 등의 세밀한 변화를 이용하여 인물 각각의 외모와 성격적 특징을 표현한다.

가장 특징적인 것은 단 역 배우가 편자(片子)를 붙이는 것과 정, 축 역이 검보(臉譜)를 그리는 것이다. 편자를 붙이는 것은 단 역 배우의 두 뺨에 긴 귀밑머리와, 이마 위 머리칼이 난 언저리에 꽃을 붙이는 것으로 가장 큰 장점은 자연적인 얼굴형을 바꿔서 당시의 미학적 취향에 더욱 부합하도록 하고, 아울러 작품의 내용에 더 부합하게 하는 기능이 있다. 여러 가지 색깔을 이용해서 얼굴의 이미지를 그려내는 것은 중국 희곡의 오래된 전통이며, 이러한 검보를 그리는 것은 정과 축 두 배역이 대부분을 차지한다. 검보를 그려내는 역할과 검보를 그리지 않는 역할이 동시에 무대에 나타나면 어색하게 보이지 않을 뿐 아니라 오히려 서로 잘 어우러져서 희곡 화장 예술의 풍부하고

사진에서 붉은 얼굴인 사람이 관우(關羽)이나, 이 경극 중에서는 오히려 전유물이었던 '관우고(關羽靠)'는 입지 않았다. 경극의 무대 의상은 연기의 기능에 따른다는 것을 알 수 있다(촬영 장조기).

고(靠)를 입었지만 깃발을 들지 않은 사람을 '연고(軟靠, 사진에서 오른쪽)'라고 한다. 왕요경(왼쪽)과 양효형(楊孝亨, 오른쪽)이 「번강관(樊江關)」을 연기할 때 두 단 역이 입은 연(軟), 경고(輕靠)의 복장 양식과 화장 기풍이 모두 현재 통용되는 것과 조금 다르다.

다채로움을 보여준다. 경극에서 노생은 모두 수염을 달고 있는데, 엄숙하고 단정함을 상징한다. 수염은 경극 용어로 '염구(髯口)'라고 부르며 세 가닥을 달고 있는데, 의젓하고 소탈하며 용모가 뛰어나게 보이도록 하는 기능이 있다. 세 가닥의 검정 수염, 반백의 세 가닥의 수염, 흰색의 세 가닥의 수염이 있다. 다른 종류의 수염도 있는데, 가닥을 나누지 않고 입 전체를 덮고 있는 것이다. 입 전체를 덮는 수염을 가진 역할의 기본적인 성격은 비교적 걸걸하고 호방하거나, 혹은 강직하다. 전통 경극에서의 무장이나 무관이 이런 수염을 달았다. 그러나 어떤 역할의 배우들은 자신의 외모 조건 및 표현하는 인물의 필요에 따라서 약간의 변화를 주기도 하는데 그 방면에서는 담흠배, 마연량, 주신방 등이 모두 관례를 깨고 새로운 틀을 만들기도 하였다.

오랜 기간의 발전 과정에서 모든 출(出)의 모든 인물은 모두 특정한 화장의 이미지를 만들어냈고 이러한 화장 예술의 규격화된 규범은 수많은 관중의 암묵적인 동의를 얻었다. 배우가 등장하기만 하면 관중은 바로 인물의 선함과 악함, 충직함과 간사함, 아름다움과 못생

김 및 그 성격에 대해 판단을 하게 되고 결국 이것이 공연 예술 효과를 위한 복선이 된다. 우수한 예인들은 종종 화장, 분장 등 여러 방면에서 전면적인 개량을 하기도 했는데 연기의 필요에 더욱 부합하게 된다.

[1] **명**(明, 1368~1644) : 몽골족이 세운 원(元)나라를 무너뜨리고 들어선 한족 왕조. 평민 출신의 주원장(朱元璋)이 초대 황제이며 약 280년간 지속되었다.

경극 감상의 어려움

예술 감상에 대해 다음과 같은 견해가 있다. 음악을 듣고 싶으면 한 쌍의 '음악을 듣는 귀'가 오페라를 보고 싶으면 한 쌍의 '오페라를 보는 눈'이 있어야 한다. 만약 이러한 견해에 일리가 있다고 한다면, 중국의 경극을 감상하고자 할 때 귀와 눈 모두 '중국 경극의 것'이 되어야 한다.

경극이 탄생하기 전에는 곤곡(崑曲)이 넓은 영향력을 가진 희곡이었다. 규정된 희곡 양식으로서의 완벽한 고전 예술의 품격을 가졌으며 수많은 희극 전문가와 희극 이론가들이 그것의 완전성과 규범화에 엄격한 요구를 제시하여 음률과 성조 모두 규범에 맞아야 했다. 아마도 곤곡은 너무나 높은 수준의 예술 소양을 가진 예술가들에 의해 너무나 정교하게 수식되어서 일반적인 생활 풍속에서는 어렵고 통용되지 않아서 그 한계성이 날로 심각해졌다. 따라서 18세기 후기부터 곤곡은 쇠락해갔고 관중들은 그것이 너무 길고 느리며 지루하고 너무 고상하며 판에 박혔다고 여겨 싫어하지 않을 수 없었다. 이것은 또한 시대가 바뀌는 시기에 문화 주체에 변화가 생긴 것을 반영한 것이며 문화를 선택함에도 자연히 새로운 방향이 생겨났는데 곤

경극의 몸동작은 곤곡의 연기를 모델로 삼아 어떤 글자를 노래할 때, 눈, 손, 발이 어떠해야 하는지를 모두 스승에게 전수받아서 대대로 준수하고 있다. 『제여산예술일반(齊如山藝術一斑)』이라는 책에서 매란방은 경극 단(旦) 역 배우의 손가락의 동작과 몸짓을 설명하는데 우아하고 부드러우며 복잡한 것이 보통이 아니다. 사진에서는 생각하는 자세(思式), 눕는 자세(臥式), 먼 곳을 보는 자세(望式), 사물을 옮기는 자세(搬物式), 사물을 들어올리는 자세(托物式)의 다섯 종류의 몸짓이다.

곡을 대신해서 일어난 경극이 이미 중국 근대 시민 문화의 상징이 되어가고 있었다.

경극은 사실상 근현대 문명의 교체 시기의 특유한 예술적 융합을 드러낸 것이다. 민간 정신과 궁정의 취미, 남방의 정취와 북방의 기품이 경극에서 하나로 혼합되어 각각의 장점들을 더욱 잘 부각시킨 것이다. 경극은 각각의 사회 등급을 족히 꿰뚫을 수 있고 광활한 지역적 범주를 뛰어넘어서 당시에 강력한 생명력을 나타냈다. 경극 예술의 외양과 정신을 겸비하고 허구와 사실이 결합되며, 시공이 자유로운 것 등의 미학적인 특징은 모두 이러한 융합과 관련이 있다. 경극이 불러일으키는 감상성과, 유희성을 중시하는 오락적 체험은 정치적 교화를 대신하였으며 중국 근대 사회의 민간 도덕과 일상생활 형태에 중대한 변화가 생겼음을 보여준다.

정장경, 장이규(張二奎), 여삼승(余三勝)이 이끌었던 휘반(徽班)이 북경에 들어온 당시를 회상해보면 봉건 제국의 수도에서 최고 통치자와 고관대작들에게 기예를 바친 것인데, 휘반의 입장에서 보면 오직 예술적으로 더 노력하고 애써야만 비로소 더욱 큰 발전을 얻을 수 있었다. 휘반은 선택할 여지없이 더 성숙하고 통일된 경지로 나아갔다.

중국 희곡사에서 이때부터 하나의 새로운 절정이 나타나게 된 것이다. 지방 희곡의 표현 기능이 더욱 적극적이게 되었으며 품격을 표현하는 데 있어서도 질박하고 초라한 것으로부터 정교하고 전아한 것으로 발전되어 매우 특색 있는 희극 장르인 경극이 탄생하였다. 그것은 중국 희극의 연기 예술을 더욱 풍부하고 완전하게 하였다.

주의할 만한 것은 비록 경극이 작품 수는 많았지만 희극 문학사상 우수한 작품을 남기지 못했다는 것이다. 이것은 중국 전통 희극 발전 사상의 하나의 중대한 전환점을 의미하는데 극본 문학이 중심이었던 희극 문화 활동이 연기 중심의 희극 문화 활동에 자리를 내주게 된 것이다. 이러한 전환점이 가져온 장점이라면 희극 예술 본연의 핵심 요소인 연기가 충분히 발전할 수 있었다는 점이다. 중국 희극예술이 세계 무대에서 빛을 발하는 이유도 여기에 있다.

오페라 또는 서양 음악회를 볼 때 보통 공연 중에는 소리를 낼 수 없게 되어 있고 박수조차도 제한을 받으며 지각한 관중은 극장 뒤에서 저지를 받아 한 막이 끝난 후에야 자기 자리에 들어갈 수 있다. 그러나 경극을 관람하는 것은 이와 다르다. 관중들은 만족하거나 혹은 깨달음이 있는 부분을 보거나 들으면 입을 열어 높은 소리로 "좋다!"라는 찬사를 보낼 수 있다. 경극의 창시자인 정장경이 궁중에서 공연할 때 그의 노래가 정말로 듣기 좋아서 무대 맞은편에 앉아 있던 황제가 자기도 모르게 "좋다!"를 외쳤다고 한다. 경극을 듣든, 보든 간에 박수와 갈채는 경극을 감상하는 독특한 방식이며 경극을 이해하는 관중들은 어디에서 "좋다!"를 외쳐야 하고 하지 않아야 하는지를 알고 있어서 잘못 외쳤을 때는 사람들의 비웃음을 사기도 한다.

어떤 경극에 정통한 팬이 경극의 심오함을 이야기하면서 이렇게 말했다. "경극 이건 말이지, 너무나 복잡해. 몇 안 되는 배역들조차도 저렇게 따지는 것이 많으니 당신이 평생 연구하기에 충분하다니까." 그렇다. 외국인은 말할 것도 없고 별로 경극을 보지 않는 중국인들

어린 배우 두 명이 무생극(武生戲)을 공연하고 있다(1956).

1957년 유명한 곤극(崑劇)의 남자 단(旦) 역의 한세창(韓世昌, 오른쪽)이 매란방(왼쪽)을 특별히 초청하여 곤곡을 함께 공연하였다. 무대에서 그들은 한 순간도 노래하고 춤추지 않은 적이 없었고 두 배우는 비록 나이가 이미 많았으나 튼실한 기본공으로 훌륭한 '규수극(閨秀戲)'을 공연하였다.

또한 경극이 도대체 얼마나 오묘한지 설명할 수 없다. 만약 배우가 의상을 잘못 입어도 이해하지 못하고 잘못된 곡조를 불러도 모르고 그저 경극을 보는 것 자체가 유쾌할 수도 있다. 무희(武戲)는 대다수의 경극을 보는 사람들이 가장 쉽게 이해하는 것이다. 사람들은 무대 아래쪽에 앉아서 푸른 비단으로 된 전포(戰袍)가 바람에 날리며 붉은색 속바지가 드러나는 것, 옥색 바지 안에 꽃자주색 속바지가 나오는 것, 무대 가득히 흩날리는 먼지를 마음껏 감상한다. 또한 때로는 느리게 때로는 빠르게 치는 판(板)의 소리는 깊은 밤의 고요함, 힘든 사색 또는 깊은 반성 후에 온몸에 난 식은 땀을 상징하기도 하는데 고작 그 소리가 관중들을 끝없는 회상 속으로 빠져들게 하는 것 같다.

그러면 오늘날의 많은 젊은이들은 어째서 경극 보는 것을 좋아하지 않는 것일까? 대개는 환경과 관련이 있다. 만약 주위 사람들이 모두 경극의 팬이어서 경극을 즐겨 본다면 그들은 익숙해져서 점점 경극의 아름다움을 깨닫게 될 수도 있을 것이다. 반대로 주변에 경극을 이해하는 사람이 없고 더 나아가서 경극 보는 것을 좋아하는 사람이 없다면 그들이 경극을 접할 기회에 한계가 있을 것이고 이해하지 못하니 당연히 좋아할 수도 없을 것이다. 또 한 가지는 '출신 지역의 문제'인데 중국 각지의 방언에 큰 차이가 있기 때문에 만약 중국 남방에서 태어난 사람이라면 북경 말투와 운율에 대해 서먹함을 느끼고 경극의 아름다움을 받아들이기가 쉽지 않을 것이다.

그러나 경극을 좋아하게 되는 것이 의외로 간단할 수도 있다. 한 영국 여성인 웨니 마야는 스코틀랜드 출신이며 현재는 런던에 살고 있는데 '영국 경극사(英國京劇社)' 극단의 극단주이다. 그녀가 처음 경극을 접한 것은 1989년, 파리에서였다. 운 좋게도 중국의 저명한 소생 배우의 공연을 보았는데 순식간에 동양의 전통 예술의 아름다움에 빠져들었다. 그녀는 나중에 그러한 '사로잡힘'에 대해 설명했는데 경극의 규격화된 동작, 아름다운 복장, 높은 톤의 곡조(창강) 및 일상적인 것과는 다른 품격이 그녀에게 절정의 영감을 주고 흥분하게 만들었다고 한다. 이러한 것들은 서구인들에게 생소했다. 배우의 동작에 대한 경이로운 통제 능력에 탄복하면서 그녀의 머릿속에 떠오르는 한 가지 생각이 있었는데 '북경에 가서 공부하자!'라는 것이었다. 그래서 중국어를 전혀 모르는 그녀가 26세 된 해에 혼자서 북경에 왔다. 1989년 말에 그녀는 신문에서 경극을 배울 12세의 학생을 모집한다는 광고 문구를 보고 친구의 도움으로 북경 희곡 학교(北京戲曲學校)를 찾았다. 그녀의 배우고자 하는 열망이 희곡 학교 선생님을 감동시켰고 학교 측에서는 이례적으로 외국인 여자 유학생을 받아들였다. 1991년 9월 이후 이 학교의 두 번째 외국 유학생이자 첫 번째 외국 여자 유학생이 되었다. 3년에 가까운 성실한 학습과 연습으로 「뇌고전금산(雷鼓戰金山)」, 「패왕별희」 등의 많은 대표적 작품들을 배웠고 유창한 표준 중국어를 구사할 수 있게 되었다. 영국에 돌아간 후 마야는 온 마음을 다해 경극을 서양에 소개하고자 하여1994년에는 '영국 경극사'를 창설하였다. 그런데 그 구성원은 대부분 런던 대학의 전문학교 내의 동양 예술을 좋아하는 청년 교사와 학생이었으며 또한 원래 상해 경극원(上海京劇院)에 있다가 런던에 이민 온 장애병(蔣靄秉) 선생을 수석 교사로 삼아, 아마추어로 경극을 배우고 아마추어 공연을 하였다. 그들은 대학교 안에서 자주 공연하였으며 유명한 에든버러 예술제에서 그들만의 뚜렷한 인상을 남겼다. 최근 몇 년 동안 웨니 마야처럼 중국에 공부하러 오는 유학생들이 점점 더 많아지고 있다. 그들은 희곡 학교의 경극 전공에 등록하여 열심히 기예를 배우고 노력한 결과, 몇 년 뒤에 그들의 우수한 연기를 본 중국의 동료들과 관중들에게 흥분과 경이감을 안겨주기도 한다.

현대 생활 속의 경극

중화인민공화국이 성립된 후 경극 사업을 육성시키기 위한 전문적인 사업 경비가 할당되어 경극의 공연, 인재 양성, 창작, 감독, 음악, 무대 미술, 교육, 관리 및 연구, 문물 자료 정리, 출판, 대외 교류 등의 영역에 이르기까지 전체적으로 장족의 발전을 이루었다. 배우들은 각급 국영 기관 또는 단체 산하의 경극 공연 단체에 들어가서 국가의 정식 공무원이 되었다. 현(縣)급 이상의 문화 주관 부서에 속한 경극 단체가 몇백 개나 되었고 각 지역의 희곡 교육 학교와 전문 희곡 단체에서는 경극을 이어갈 인재를 양성하고 공급하는 책임을 맡았다.

1949년에서 1964년까지 경극 무대에는 인재들이 모여들고 스타들도 모여들었으며 '4대 명단(四大名旦)' 역시 새로운 작품을 만들고 공연하였다. 1930~40년대에 일어난 후계자들은 이미 뛰어난 극단의 대가가 되었다. 또한 신중국이 양성한 제1대의 새로운 인재들이 두각을 나타내었으며 이소춘(李少春), 두근방(杜近芳), 원세해(袁世海), 고옥천(高玉倩), 조연협(趙燕俠), 유장유(劉長瑜), 주화동(周和桐), 담원수(譚元壽), 마장례(馬長禮), 장학진(張學津), 이숭선(李崇善), 관숙상(關肅霜), 이영위(李榮威), 방영상(方榮翔), 송옥경(宋玉慶), 동상령(童祥苓) 등이 계속해서 경

남경 경극단(南京京劇團)이 유치원의 어린이에게 '개방의 날(開放日)'을 열어 아이들에게 어릴 때부터 경극 예술에 대한 이해를 높여주려고 한다.

극의 현대희 창작에 투입되었다. 이와 동시에 경극의 대외 교류 역시 날로 빈번해져서 중국 경극원(中國京劇院)과 북경과 상해 등지의 경극 공연 단체가 해외 방문을 통해 계속해서 세계인들의 환영을 받았다.

시대의 변천에 따라 대중문화의 전파 수단이 갈수록 풍부해졌고 특히 영화, TV 및 매스 미디어의 전파 경로가 속속 발전되어 사람들은 무대에서 직접 경극 공연을 볼 수 있을 뿐 아니라 영화, TV를 통해 또 다른 영상 매체를 통해 편집된 경극의 공연 영상을 볼 수 있다. 라디오에서 경극의 노래(唱段)를 들을 수 있을 뿐 아니라 앨범, 카세트 테이프, CD 등을 통해 경극 공연(演唱)을 들을 수 있으며 명절 때마다 경극 공연이 축하 프로그램에 편성되어 사람들의 흥취를 돋운다. 경극 예술의 전파 방식은 무대에서 TV 영상까지 확장되어 경극의 전통적인 공연 방식을 깨뜨렸다. 이와 동시에 새로운 예술 형식이 계속해서 넘쳐 나와 사람들은 각종 경로를 통해 다른 차원, 다른 내용의 심미적인 희열을 얻을 수 있고, 미학적 요구 또한 계속해서 업그레이드되고 있다. 관중의 감상 취향에도 변화가 생겨났는데, 특히 20세기 1970~80년대 이후 전 세계의 유행 문화가 점점 더 소비 문화적인 특징을 나타내고 있고 유행이 지속되는 시간 역시 점점 짧아져서, 대중의 감상 취향은 점점 더 오락성, 통속성, 다원성과 유행성을 강조하는데 이것은 경극이라는 전통 무대 예술에 심각한 충격을 주었다.

최근 20~30년 동안 경극의 공연 시장이 축소되어 일부 경극 공연단체는 생존에 어려움을 겪기도 하였다. 어떤 경극 배우는 직업을 바꿔 영화, 드라마를 찍고 당시 대중 가수, TV 프로그램의 사회자 혹은 패션모델이 되기도 하였다. 어떤 경극 악단의 연주자 역시 직업을 바꿔 대중음악 공연의 악단에 들어가기도 하였다. 유행하는 상업 문화와의 경쟁에서 경극은 더 이상 관중을 끌어들일 수 있는 우세한 지위를 가지지 않았고 경극을 좋아하는 관중 수도 점점 더 줄어들었다. 젊은 세대의 관중들은 고대 생활을 반영한 전통 경극에 깊은 괴리감을 느끼고 있으며 경극에 대한 그들의 입장은 '이해할 수 없어서 보

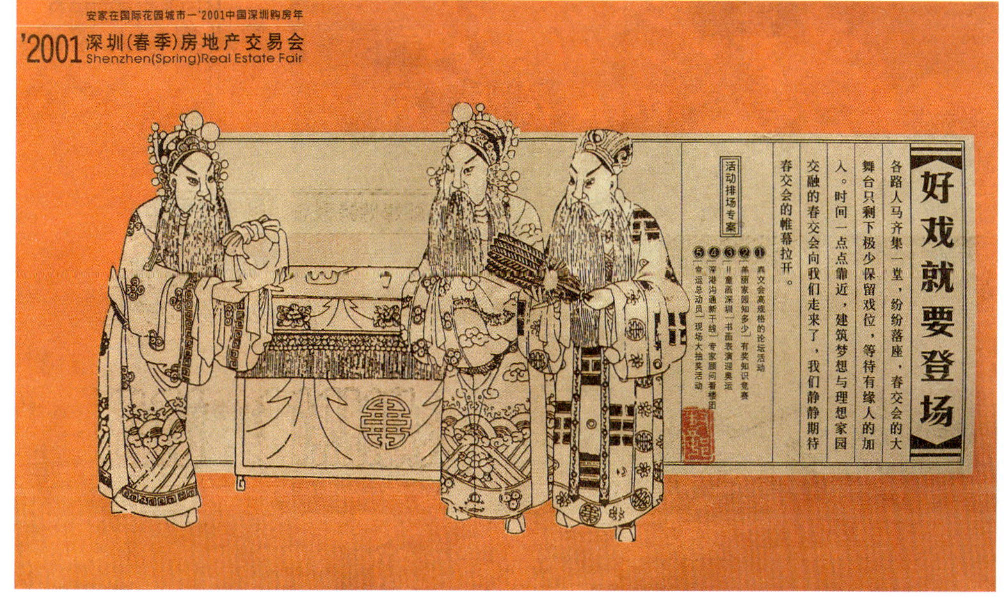

2001년 4월 12일 《심천특구보(深圳特區報)》에 게재된 '심천 춘계 부동산 교역회' 광고에서 전통 희화(戲畵)인 〈양성도(讓成都)〉를 설계의 모티프로 사용하여 문화적 분위기를 강조함으로써 사람들의 주목을 받았다(왕수촌 소장).

* **中國京劇節**: 1995년에 천진에서 첫 회가 열린 이래로, 3년마다 열리고 있으며 제2회는 북경(1998), 제3회는 남경(2001), 제4회는 상해(2004)에서 열렸다. 저자가 이 책을 출판한 때가 2003년이므로 저자는 중국 경극절이 세 번 개최되었다고 하였으나, 시간차를 고려하여 네 번 개최된 것으로 옮겼다.

현대 배우가 공연한 「귀비취주(貴妃醉酒)」(촬영 조덕춘(趙德春))

기 싫은 것'이라는 반응이 보편적이었다.

경극은 전통 문화의 산물이지만 그것과 오늘날의 관중과의 거리는 회피할 수 없는 객관적인 사실이다. 중국 정부는 전통 문화에 대한 제창, 보호 및 계승을 매우 중시하고 있어서 지도자들이 여러 차례 특별 경극 공연에 참석하고 있고 적지 않은 경극 단체를 조직하여 해외 공연을 하고 있어서 국제적인 문화 교류에서 경극이 중요한 역할을 하고 있다. 또한 국가가 희곡 교육을 상당히 중시하고 있어서 신인 경극 배우를 양성하고 새로운 인재의 성장을 격려하고 있다. 전국 규모의 경극 TV 대회를 열기도 하고, 국영 TV에서 희극 전문 채널(CCTV-12)을 개설하여 경극 장르의 각종 희극 프로그램을 방송하고 관련된 지식 강좌를 개최하며 경극 영상물 촬영 등을 하고 있다. 또한 연속 몇 년 동안 전국 아마추어 연기자(票友) 대회를 열어 각지의 동호회들이 적극적으로 참가하고 있는데 그 수준이 날로 향상되고 있다. 이미 네 번이나 개최된 '중국 경극절(中國京劇節)*'은 화제가 되었을 뿐 아니라 경극 팬들과 경극계의 성대한 축제가 되고 있다. 정부는 또한 거대한 자금을 투입하여 8년 동안 300여 편의 다른 시기, 다른 유파의 경극 작품 공연을 녹음하고 영상으로 제작하고 있는데 그 수량, 내용, 작품의 수, 다양성, 규격화에 있어서 모두 대단히 긴급성을 띤 공정이라고 불릴 만하다. 이 시청각 시대에 진귀한 녹음 자료를 보충하기 위한 수집, 정리를 병용하여 후계자들에게 학습, 참관의 참고 교재를 제공할 뿐 아니라 영상 제작에 참여하는 배우들에게는 연습과 전시의 기회를 얻게 하며 또한 희극 팬과 광대한 관중들의 감상적 요구를 만족시키고 젊은 관중들에게는 경극계의 새로운 인재를 알리고 당시의 명배우들의 신운을 음미할 수 있는 좋은 기회를 제공하는 것이다.

중국과 서양의 문화 교류와 대화가 촉진되는 가운데 1982년 중국의 저명한 여성 화검(花臉) 배우인 제소운(齊嘯雲)[1]이 셰익스피어 희곡인 「오셀로」를 각색하여 영어로 경극을 공연하여 한때 큰 이슈가 되었다. 그녀는 그 전에도 영어로 중국 전통 경극인 「적상진(赤桑鎭)」, 「찰미안(鍘美案)」, 「제삼해(除三害)」 등을 공연하였으며 아울러 그리스의 명작인 「바카이(Bakchai)」[2]를 번역, 각색하여 경극으로 만들었다.

2002년 5월 남경 대학(南京大學)의 설립 100주년을 경축하기 위하여 파란 눈에 높은 코, 중국 고전 희극 의상을 입은 외국인들이 영어로 중국 전통 경극인 「진향연(秦香蓮)」을 공연하였다. 배우들의 노래, 대사, 동작, 무예의 초식 하나하나, 음률이 매우 훌륭하여 무대 아래에서 시도 때도 없이 열렬한 박수와 갈채 소리가 울려퍼졌다. 영어 경극인 「진향연」의 극본의 번역 겸 총 감독은 미국 하와이 대학의 희극 무용과 교수이자 아시아 희곡부 책임자였던 엘리자베스(Elizabeth Wichmann-Walczak)[3] 박사이며, 공연에 참가했던 모든 배우들은 이 대학 연극과 및 음악과 학생이었다. 1979년 엘리자베스는 중국에 유학 온 제1호 미국 유학생으로 남경 대학에서 중국어와 중국 희극을 공부하였으며 매파(梅派)의 저명한 예술가인 심소매(沈小梅)를 스승으로 삼아 경극의 연기 예술을 공부하였다. 남경 대학에서의 공부가 끝난 후 미국으로 돌아가 영어로 중국 경극을 연기하고자 하는 뜻을 세웠다. 반 년 동안의 피나는 노력과 연습을 통해 2002년 2월 영어 경극인 「진향연」을 미국 하와이에서 정식으로 공연하였는데 총 10회 공연 동안 매번 공연장이 터질 듯이 관중이 몰려들었다.

오늘날과 같은 개방된 다문화적 배경에서 민족 전통 예술로서 경극은 이미 점점 더 많은 외국인들에게 이해되고 사랑받고 있다. 이는 매란방, 정연추 등 전대의 예술가들이 경극의 전성기 때부터 세계로 나가 대외 문화 교류와 중국과 서양 희극의 비교 연구에 참여한 것과 직접적인 관계가 있다. 한 세기에 가까운 중국 경극 공연 단체의 발

상 1996년 미국 애틀란타에서 올림픽 홍보를 위해 중국 경극 인물의 이미지를 이용해 거리에 광고를 하였다.

하 남경 대학의 문예 만찬회에서 전통 경극 작품인 「귀비취주」의 주연을 맡은 미국에서 온 여자 유학생이다. 그녀는 대만에서 4년 동안 현대 중국어와 문언문(文言文)을 공부한 후 남경 대학에 와서 중국 전통 희극을 전공하였다.

자취는 이미 오대양 육대주의 40여 개 나라에 퍼졌으며 중국 문화를 선전하고, 중외 문화 교류를 촉진시키며 중국인과 세계 각국 사람들의 이해와 우정을 증진시키는 데 중요한 공헌을 하고 있다.

1| **제소운**(齊嘯雲, 1930~2003): 정(淨) 배우. 학수진(郝壽臣), 마연량(馬連良) 등에게 사사받았고 구파(裘派), 학파(郝派)의 예술적 성취를 계승하여 자신만의 품격을 이루었다. 영어로 경극을 공연한 첫 번째 배우로 더 유명하다.

2| 「**바카이**(Bakchai)」: 현존하는 최후의 고대 그리스 비극이며 작자가 죽고 나서 B.C. 405년 아들에 의하여 상연되었다. 디오니소스의 신종교(新宗教) 전파에 엉킨 이야기로서 믿기를 거부한 테베의 왕 펜테우스가 주신(酒神) 디오니소스의 계략으로 광무(狂舞)하는 어머니의 손에 죽는다는 비극이다.

3| **엘리자베스**(Elizabeth Wichmann-Walczak, 1951~): 미국인. 중화인민공화국 성립 후에 남경대학(南京大學)에 유학온 첫 번째 유학생으로, 하와이 대학의 희극 무용과 교수이자 아시아 희곡부 책임자. 2002년 경극 「진향연(秦香蓮)」을 영어로 번역하여 하와이에서 공연하였다.

◉ 중국 연대표

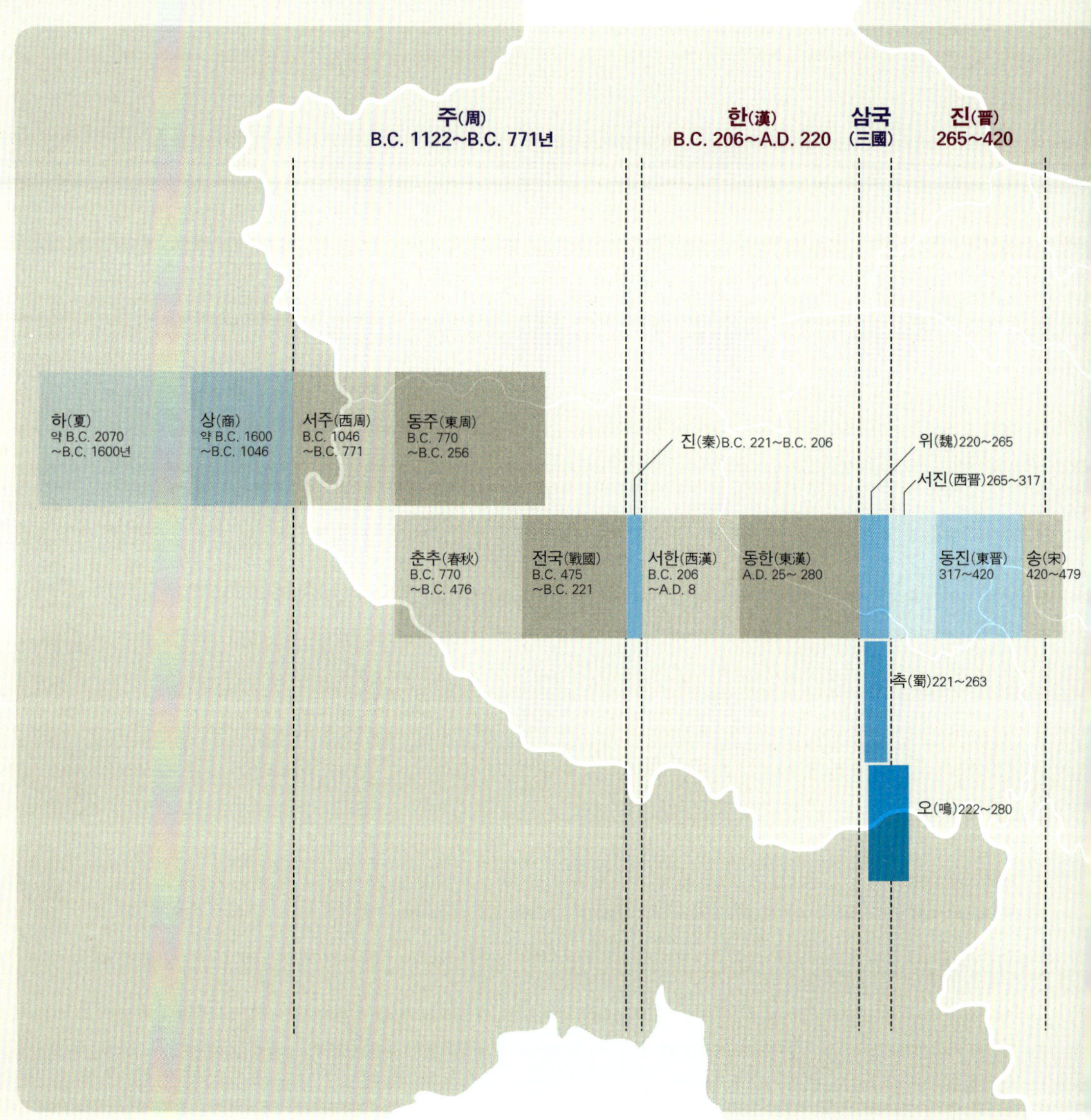

주(周)
B.C. 1122~B.C. 771년
한(漢)
B.C. 206~A.D. 220
삼국
(三國)
진(晋)
265~420
하(夏)
약 B.C. 2070
~B.C. 1600년
상(商)
약 B.C. 1600
~B.C. 1046
서주(西周)
B.C. 1046
~B.C. 771
동주(東周)
B.C. 770
~B.C. 256
진(秦)B.C. 221~B.C. 206
위(魏)220~265
서진(西晋)265~317
춘추(春秋)
B.C. 770
~B.C. 476
전국(戰國)
B.C. 475
~B.C. 221
서한(西漢)
B.C. 206
~A.D. 8
동한(東漢)
A.D. 25~ 280
동진(東晋)
317~420
송(宋)
420~479
촉(蜀)221~263
오(吳)222~280

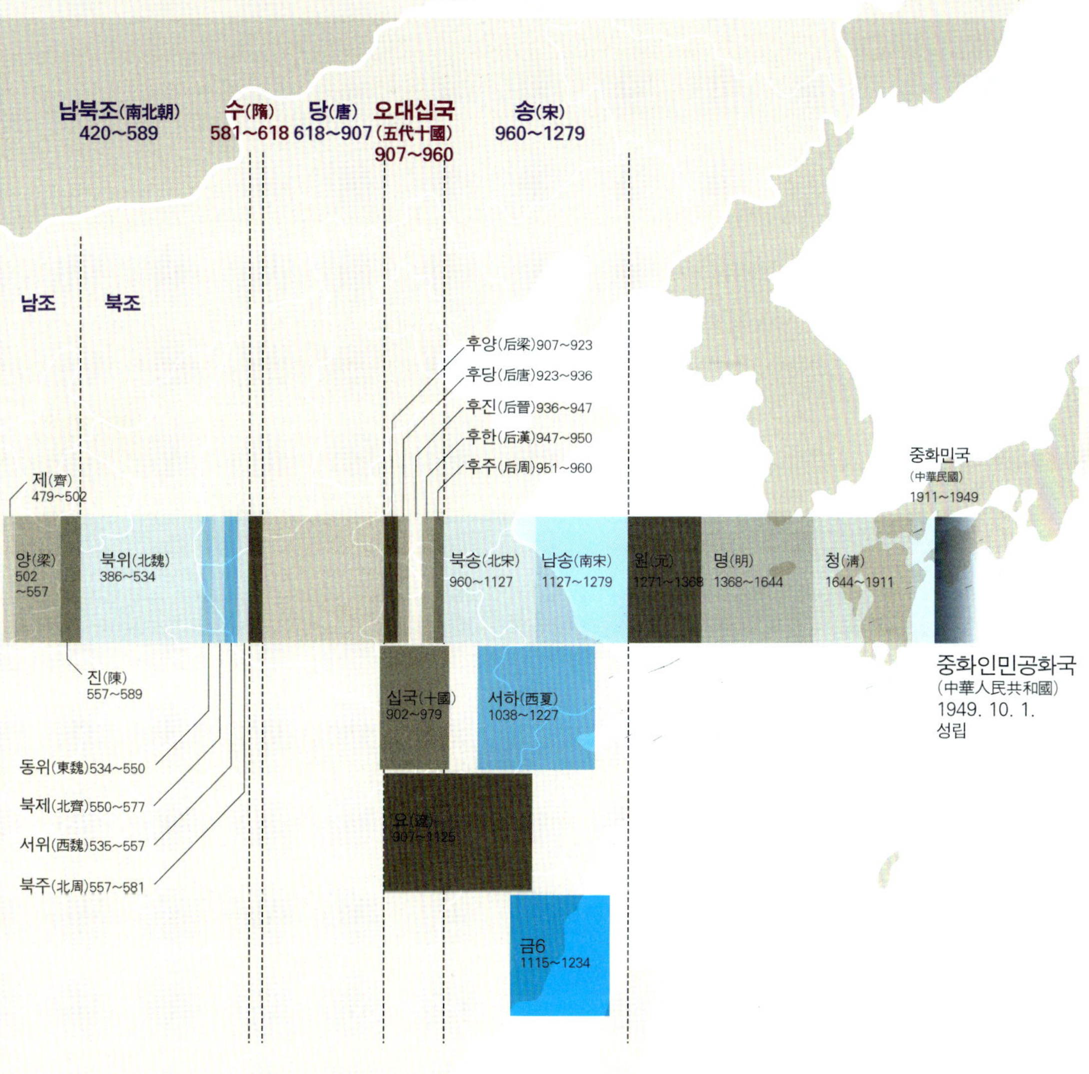

남북조(南北朝)
420~589
수(隋)
581~618
당(唐)
618~907
오대십국
(五代十國)
907~960
송(宋)
960~1279
남조
북조
후양(后梁)907~923
후당(后唐)923~936
후진(后晉)936~947
후한(后漢)947~950
후주(后周)951~960
제(齊)
479~502
중화민국
(中華民國)
1911~1949
양(梁)
502
~557
북위(北魏)
386~534
북송(北宋)
960~1127
남송(南宋)
1127~1279
원(元)
1271~1368
명(明)
1368~1644
청(淸)
1644~1911
진(陳)
557~589
십국(十國)
902~979
서하(西夏)
1038~1227
중화인민공화국
(中華人民共和國)
1949. 10. 1.
성립
동위(東魏)534~550
북제(北齊)550~577
서위(西魏)535~557
북주(北周)557~581
요(遼)
907~1125
금6
1115~1234

중국문화 6 경극

초판 1쇄 인쇄 2008년 7월 25일
초판 1쇄 발행 2008년 7월 31일
지은이 쉬청베이
옮긴이 최지선
펴낸이 김호석
펴낸곳 도서출판 대가
등록 제 311-47호
주소 서울시 마포구 상수동 6-1 대한실업빌딩 301호
전화 (02) 305-0210/306-0210
팩스 (02) 305-0224
전자우편 dga1023@hanmail.net
홈페이지 www.bookdaega.com
디자인 · 편집 f205
교정교열 김지희
인쇄 서강총업
용지 큐페이퍼
제본 다인바인텍

가격 15,000원

ISBN 978-89-90999-85-6 04910
ISBN 978-89-90999-79-5 04910(세트)

이 도서의 국립중앙박물관 출판시도서목록(CIP)은
e-CIP(http://www.nl.go.kr/cip.php)에서
이용하실 수 있습니다.
(CIP제어번호: CIP2008002078)